上一堂最生動的國際關係

20部經典電影，
告訴你世界原來是這個樣子

蔡增家 著

目錄

第一部

恐怖主義與族群衝突

第二部

人權與民主的不斷辯證

第三部

經貿關係與貧窮

第四部

移民與邊境問題

〔作者序〕

透過電影，探索世界

不知道從什麼時候開始，「國際化」突然成爲台灣的一種全民運動，也成爲一種時髦名詞，更成爲進步與否的重要準則。在「國際化」運動的號召下，台灣的大學廣招外國學生，以爲只要外國人多，就是國際化的表徵；學校更是廣設英語課程，以爲用外文上課，才是眞正的走向國際。

殊不知「國際化」的癥結不在外國人，而在於人民是否擁有國際視野。「國際化」也不在外文能力，而在增進國際知識的渠道是否唾手可得。

其實，自從媒體自由化以來，台灣便長期處於國際知識的枯水期。在收視率掛帥的推波助瀾下，國際新聞一直被電視台視爲一種不賺錢的資訊，總被安排在深夜的冷門時段，國際新聞也被報紙看做墊版面的工具，總被放在最冷僻的一角。這也導致台灣人對於國內發生的芝麻小事常能侃侃而談，但對於發生在周邊國家的大事卻一無所知。

台灣是小國，小國裡的每個人其實更需要培養國際觀，因為國際間發生的任何騷動，都會影響到我們的生存。猶記得有次到美國開會，有位美國學者向一位澳洲學者寒暄，他竟然問這位澳洲學者是不是開車來的，他渾然不知美國與澳洲之間隔著廣大的太平洋，然而這位欠缺國際觀的美國學者，一點也不影響美國的超強地位，因為美國畢竟是大國，這是小國人民所無法擁有的特權。

台灣這幾年面臨產業外移的空洞化現象，因此從前幾年開始政府便大聲疾呼台灣要學習「三蘭」，也就是荷蘭、芬蘭與愛爾蘭。這三個國家與台灣同樣是蕞爾小國，但它們卻都擁有國際性的大品牌，例如芬蘭的諾基亞、荷蘭的飛利浦電子公司，以及愛爾蘭的愛力根藥廠，但在這些國際大品牌背後，這三個國家都擁有最國際化的國民，他們每個人都能夠說三種以上的語言，而且也把自己當成是世界公民，把全球當成他們的就業市場。國際化的人民，其實才是這三小國最寶貴的資產。

我在大學從事國際關係研究十餘年，發現現今的大學生不但對於國際問題漠不關心，對國際事務的理解力也相當弱，這將會影響到他們日後就業的競爭力。畢竟在台灣低薪已成常態化的情況下，他們應該要走出去，到世界各地找工作，與世界各國的人才競爭，因此，對國際關係的熟悉程度便顯得相當重要。

所以，我一直在苦思如何利用一種淺顯易懂的方式，把同學帶進國際關係的領域之中，而我認爲「電影」便是一個絕佳媒介。因爲電影人人愛看，且坊間不論是好萊塢或是各國所製作的電影，許多題材正是在探討國際間或是歷史上曾經發生的大事。我認爲以這些故事背景爲基礎，或許能帶領學生延伸探索背後國際政治間的角力。於是，我在政大開設一門「電影與國際關係」課程，結果每學期都吸引近千名同學搶修，由此可見大學生對於國際關係其實充滿興趣，只是得思考如何包裝課程，帶領同學進入國際關係領域。

例如由美國知名影星班．艾佛列克自導自演的《亞果出任務》一片，便是在探討一九七九年美國與伊朗之間的人質事件，這個事件深深影響著日後美伊兩國間的關係，一直到現在美國還在對伊朗進行部分經濟制裁，而這個事件也牽動中東局勢發展，讓美國決定扶植伊拉克獨裁者海珊來對抗伊朗，引發長達八年的兩伊戰爭。而人質事件更與美國國內政壇連動，導致美國總統卡特由於處理該次人質事件不當而爭取連任失敗。

又如由韓國影帝宋康昊所主演的《總統的理髮師》一片，敘述在韓國朴正熙主政的威權時期，市井小民在大時代下求生存的故事。這部片從一個理髮師的視角，觸及到在軍人統治時期，韓國人民對威權的莫名崇拜，也分析在南北韓關係緊張時期全國抓北韓間諜的風聲鶴唳，更談到威權時代的韓國總統為了要當選連任，不惜動員做票及槍殺反對人士。這部電影讓我們了解原來在現今韓國進步亮麗的外表下，竟也有如此不堪的過往，但這卻是東亞國家在民主化過程中的必經道路。

本書總結我在政大開設「電影與國際關係」這門課的課程內容以及延伸的議題討論，書中將介紹二十部電影，論述與分析面向從恐怖主義與族群衝突，人權與民主的不斷辯證，經貿關係與貧窮，再將視角轉到移民與邊境問題。涉及區域從東南亞、拉丁美洲到非洲，希望讓許多沒有機會上這堂課的人，也能夠從本書知道故事背景其實與國際關係相關的電影，更重要的是帶領讀者理解國際關係動向、培養國際觀。

也許有人認爲要了解國際關係，需要擁有絕佳的外語能力，或者將國際關係想像成是一門知識門檻很高的學問。其實與國際關係相關的知識，在我們周邊俯拾即是，而本書的寫作宗旨便是企圖將「國際關係」從學術神壇請下。書中將特意迴避深奧的國際關係理論，也盡量避免使用與國際政治相關的專門術語，希望能以淺顯易懂的文字及語言，再帶入對世界和平的期盼與悸動，讓讀者能夠從電影的劇情中，了解背後錯綜複雜的國際關係。

就讓我們透過電影，探索這個世界吧。

蔡增家

二〇一七年一月二十三日

第1部 恐怖主義與族群衝突

01 恐怖主義的蛻變

對於恐怖分子，原諒他們是上帝的事，而我們的任務就是把他們送到上帝那去！

——俄羅斯總統普丁

二〇一一年五月十一日，美國總統歐巴馬、副總統拜登、國務卿希拉蕊及美國國家安全顧問等人齊聚在白宮的戰情室，他們全都神情肅穆地緊盯螢幕，觀看美國海豹部隊一項突擊行動的實況轉播。這場行動的緊繃程度，讓希拉蕊都不由自主地用手摀住嘴巴。

製造九一一恐怖攻擊行動而被美國視爲頭號要犯的蓋達組織首腦賓拉登，在藏匿十年後終於被美國中央情報局發現，躲藏在巴基斯坦北部的一座豪宅裡，美國立刻派出特種部隊，分別搭乘四架攻擊直升機，趁著黑夜時分突擊賓拉登的藏身地。他們在豪宅三樓發現手無寸鐵的賓拉登，隨即開火將其擊斃。在攻堅過程中，一架美國直升機還因撞到圍牆而墜毀，之後整個過程還被好萊塢拍成電影，可見這次突擊

美國總統歐巴馬（中）全程觀看海豹部隊突襲賓拉登行動。

行動的戲劇性。

然而，蓋達組織首腦賓拉登死亡是否就代表恐怖主義的終結？其實未必，如果美國的帝國主義不能停止對中東伊斯蘭國家的入侵與蹂躪，賓拉登雖然已逝，但是仍會有千萬個賓拉登的信奉者隨之出現。畢竟蓋達組織雖已衰落，但反而由更殘暴、更激進的伊斯蘭國加以取代。

也許很多人不知道，蓋達組織過去曾經是美國在中東地區的親密戰友，賓拉登更是由美國政府一手扶植出來的。賓拉登出身沙烏地阿拉伯的一個富商家庭，曾在利雅德阿布杜拉大學學習經濟學，他原本立志從商，但在學期間遇到了伊斯蘭教者，從此之後便沉迷於聖戰論，他崇拜激進的伊斯蘭兄弟會，並仇視西方國家對中東地區的殖民與干預，立志把西方帝國主義趕出伊斯蘭世界。

在他父親過世之後，賓拉登繼承高達三億美元遺產，在手握大筆資金下，賓拉登從理念的鼓吹者轉爲行動的實踐者，並在中東各地宣揚革命理念。一九七九年蘇聯軍隊入侵阿富汗，讓賓拉登深感憤恨與不滿，於是他在戰爭後期時，於一九八八年成立蓋達組織，其宗旨是要消滅所有入侵伊斯蘭世界的西方國家，而當時的主要目的是要以武裝力量來對抗蘇聯。當時在美蘇冷戰對抗下，美國對蘇聯入侵阿富汗行動也大加撻伐，蓋達組織與美國在對抗蘇聯的共同理念下竟然一拍即合，並由美國中央情報局負責訓練蓋達組織成員，並潛伏進入阿富汗境內發動武裝暴動及恐怖行動，試圖顛覆親蘇聯的阿富汗政府。

隨著一九八九年蘇聯軍隊開始撤離阿富汗，讓美國與賓拉登的蓋達組織頓失共同敵人，加上一九九〇年爆發波斯灣戰爭，美國以伊拉克入侵科威特爲由，大舉派兵進入中東地區，並將沙烏地阿拉伯做爲其永久軍事的根據地，此舉讓賓拉登大爲不滿，認爲美國已經取代蘇聯成爲伊斯蘭國家的最大敵人，而爲了要對抗美國帝國主義，蓋達組織開始在中東地區大舉招攬成員，並訓練成員使用武器、通訊設備及組織的能力，同時蓋達組織也以阿富汗爲大本營，大舉擴散至黎巴嫩、埃及、葉門、敘利亞及伊拉克等中東國家，並開始針對美國策畫一系列恐怖行動。

報復美國，恐怖行動遍地開花

首先在一九九三年，出身科威特的蓋達組織成員尤賽夫，與來自巴基斯坦的阿賈傑，兩人都曾在阿富汗的蓋達基地受訓，他們使用伊拉克假護照潛入美國，在紐約世貿中心地下停車場放置一千五百磅的炸藥，之後再予以引爆，造成六人死亡、一千多人受傷慘劇。一九九八年，以奧哈里爲首的四名蓋達組織成員，涉嫌以兩部汽車炸彈攻擊美國駐肯亞大使館，結果造成二百一十三人死亡、四千餘人受傷，是有史以來美國海外使館遭到最重大的恐怖攻擊，讓當時美國總統柯林頓啓動「無限延伸」計畫，以巡弋飛彈攻擊蘇丹及阿富汗境內的蓋達組織基地。美國的這項襲擊行動，間接促成賓拉登決定在美國本土實施更重大的恐怖攻擊。

二〇〇一年九月十一日，十九名蓋達組織成員分別挾持四架美國民航機，其中兩架衝撞紐約世貿中心大樓，另一架衝撞美國國防部所在的五角大廈，最後一架則在賓州附近墜毀，此次事件共計造成二千七百四十九人死亡，一萬餘人受傷，是美國本土首次受到最重大的恐怖攻擊，死亡人數甚至比二戰期間日本偷襲珍珠港還要多。這次恐怖攻擊行動，讓美國政府成立國土安全部，強化入境的安全管制，另外美國也啓動「反恐行動」，開始對蓋達組織大本營阿富汗進行軍事報復，並要求阿富汗塔利班政府交出蓋達組織首腦賓拉登，之後美國於二〇一〇年大舉出兵阿富汗，進一步推翻親蓋達組織的塔利班政權。

九一一恐怖攻擊之後，蓋達組織成爲西方國家公敵，在美國的全球性圍剿下蓋達組織成員紛紛在各地被捕，而美國政府也懸賞五千萬美元緝捕賓拉登。二〇一一年當賓拉登在巴基斯坦被美軍擊斃之後，埃及外科醫師艾曼·扎瓦希里接替爲蓋達組織領導人，在缺乏資金及群龍無首的情況下，蓋達組織開始式微，於是許多蓋達組織成員開始流竄至葉門及索馬利亞，更有許多人選擇加入崛起的伊斯蘭國。

賓拉登及蓋達組織的崛起，美國必須負很大責任，伊斯蘭國的肆虐，美國更是難辭其咎。從過去以來，爲了執行反恐戰爭，只要有任何國家包庇資助恐怖組織，便會被美國視爲流氓國家，但是當美國以大軍推翻它眼中所謂的暴君政權，卻常讓該國在群龍無首之下陷入無止盡的動亂當中，而這些國家便成爲恐怖主義興起的溫床，伊斯蘭國在伊拉克的崛起便是例證。

由於伊拉克前總統海珊長期支持賓拉登的蓋達組織，被美國列爲首要的流氓國家。二〇〇三年三月，以美英爲首的西方聯軍以海珊擁有大規模毀滅性武器，並以化學武器屠殺平民爲由開始出兵伊拉克，展開長達十年的伊拉克戰爭。海珊政權雖然在三個月內就被推翻，海珊本人也在二〇〇三年底被捕獲，但過去海珊執政時期，在他的鐵腕統治下，尚能夠制住伊拉克內部複雜的教派與種族衝突，而沒有強人的伊

伊拉克前總統海珊。

拉克，之後卻陷入前所未有的動盪中。

伊拉克主要是以遜尼派爲主的國家，過去在海珊執政時期，什葉派便成爲被欺壓的對象，而在伊拉克北部也擁有約七百萬的庫德族人，海珊時常以軍事鎮壓庫德族獨立的聲浪。因此，在美國推翻海珊政權之後，在補償心理下便指派庫德族人擔任伊拉克的總統，同時少數的什葉派也幾乎占據所有內閣職位，這引起人數衆多的遜尼派不滿，開始在巴格達鬧區及北部庫蘇爾等什葉派人居住的地點，以汽車炸彈及人肉炸彈製造恐怖攻擊。根據統計，在二〇〇三至二〇〇八年間，伊拉克平民死於恐怖攻擊的人數多達一百二十萬人，比兩伊戰爭八年死亡的人數還多。

伊斯蘭國——新型態恐怖主義誕生

二〇〇八年美國總統歐巴馬上台，美國開始從伊拉克撤兵。美國撤離之後伊拉克頓時呈現中空狀態，自然成爲恐怖主義興起的溫床，伊斯蘭國就是在這種背景下於二〇〇六年在伊拉克北部快速崛起。伊斯蘭國早期只是一群烏合之衆的叛亂團體，包括蓋達組織、聖戰委員會、勝利軍及統一聖行者等遜尼派團體，二〇〇六年十月伊拉克伊斯蘭國成立，其宗旨爲解放伊拉克遜尼派，並恢復伊斯蘭的榮耀。

伊斯蘭國以伊拉克北部爲根據地，由於伊拉克北部爲主要石油產地，同時也是伊拉克政府鞭長莫及之地，於是伊斯蘭國開始以掠奪銀行金庫方式籌措財源，之後再以兵力占領油田，並用低廉價格將石油賣給敘利亞、土耳其等國賺取外匯，這讓伊斯蘭國成爲最富有的恐怖組織。另外，伊斯蘭國也不同於過去蓋達組織的封閉性，它善用現代科技，以臉書招募西方國家年輕人加入伊斯蘭國，之後這些年輕人都成爲伊斯蘭國向西方國家要脅贖金的人質，之前伊斯蘭國定期在YouTube預告殺害西方國家人質，曾經引起世界各國極度恐慌。

在豐沛金援挹注下，伊斯蘭國不斷向外擴張，從原本的伊拉克北部逐漸向敘利亞、土耳其及北非拓展，目的是建立一個東從阿富汗、西至茅利塔尼亞、北到巴爾幹半島、南至撒哈拉沙漠的大伊斯蘭國。伊斯蘭國獨尊伊斯蘭教遜尼派，它不僅迫害非穆斯林，也迫害其他宗派的穆斯林並強迫他們改信遜尼派，如不信者便被視同叛教，可向他們徵收重稅甚至處死。就算是遜尼派部族，如不願宣示效忠伊斯蘭國也會被視爲叛徒而遭屠殺，這讓伊斯蘭國所到之處都有大批難民選擇出走。

伊斯蘭國迫害異教徒最有名的事例，便是發生在伊拉克北部的亞茲迪人。亞茲迪人屬於庫德族的分支，人數約有七十萬人，他們信奉亞茲迪教，那是一種結合基督教、猶太教及伊斯蘭教等多教的一神信仰，因此當伊斯蘭國攻占亞茲迪人所居住的大城辛賈爾之後，便開始進行前所未有的屠殺與迫害，遭到殺害的亞茲迪人高達十萬人。這場滅族事件引發國際輿論高度關注，紛紛呼籲美國等西方國家能夠派地面部隊清剿伊斯蘭國，但是歐巴馬害怕重蹈過去身陷阿富汗的覆轍，遲遲不願對伊斯蘭國投入過多資源。然而，如果當時美國沒有推翻海珊政權，伊斯蘭國又如何能夠存在？伊拉克人民又怎麼會陷入流離失所的悲涼景況？

猶記得伊拉克前總統海珊在二〇〇六年底被處決之前曾經說過：「在我死後，伊拉克會一文不值。」從現今伊拉克貧窮動盪不安的情勢觀之，這句預言似乎眞的應驗了。

過去探討恐怖主義的電影，不是流於美式英雄主義，不然就是強調科幻震撼，二○○五年出品的電影《慕尼黑》，是眞正從歷史根源探討恐怖主義緣起的例外。

此片由大導演史蒂芬．史匹柏執導，主要劇情描述一九七二年發生在德國慕尼黑奧運期間，由巴勒斯坦武裝組織「黑色九月」策畫暗殺十一位以色列運動員的故事，是由以巴領土爭議問題所衍生出來的恐怖行動。

從這部電影當中，我們才發現在以巴問題上，美國所支持的以色列永遠處於優勢，而手無寸鐵的巴勒斯坦則處於弱勢。由於以色列政府以極殘忍的方式對待巴勒斯坦人民，這也難怪他們會如此痛恨猶太人，冒著生命危險遠赴德國慕尼黑殺害以色列運動員。而這部電影最引人關注的不在慕尼黑屠殺事件，而是以色列在事件後所展開的報復行動：「天誅行動」。當時的以色列總理成立一個任務小組，由以色列情報組織莫薩德成員組成，從一九七二年起的九年期間，獵殺十一名被莫薩德指控爲密謀策畫慕尼黑屠殺事件的幕後主使。

俄羅斯總統普丁曾說：「對於恐怖分子，原諒他們是上帝的事，而我們的任務就是把他們送到上帝那去！」

但這種以暴制暴的方式，正是當今以巴問題仍然無解的主要原因。

02 利比亞——狂人沒了，伊斯蘭國來了

阿拉伯的子民們，從此前進了。

——前利比亞獨裁者格達費

或許有很多人從沒聽過利比亞這個國家，也不知道利比亞在哪裡。但是，利比亞卻與台灣有段淵源。

二〇〇六年五月，前總統陳水扁獲邀前往哥斯大黎加出席阿里亞斯總統的就職大典，並對巴拉圭進行國是訪問。然而造訪完巴拉圭與哥斯大黎加後，總統專機卻突然降落利比亞，利比亞強人格達費更親自鋪上紅地毯迎接台灣來的總統。

台灣與利比亞的軍事合作由來已久，在一九六二年伊德里斯國王時期，台灣就

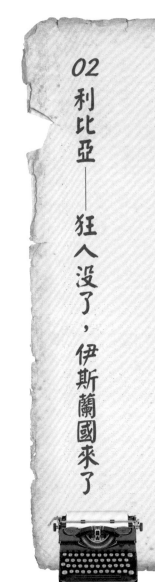

曾經派遣軍事顧問協助利比亞建立空軍，有人還說利比亞的軍事強人格達費在就讀軍校時期，曾經來台灣參加「遠朋班」的受訓，然而這個說法遭到國防部否認。但可以確定的是，一九六九年格達費發動軍事政變時，台灣派駐利比亞的兩位軍官起了決定性作用，他們協助格達費關閉利比亞全國的軍事通訊網，迫使伊德里斯國王的禁衛軍無法向外界求援，只好向格達費投降。這或許也是格達費上台之後遲遲沒有與台灣斷交的主要原因（一九七八年利比亞與台灣斷交）。

利比亞的近代史，就如同一部格達費的個人傳記。

位於北非的利比亞，過去是義大利殖民地，二次世界大戰期間曾經淪爲德軍及英軍交鋒的戰場，納粹德國的元帥隆美爾，就是在利比亞沙漠發動坦克攻勢擊敗英軍，因而贏得「沙漠之狐」稱號。二戰結束之後義大利戰敗，利比亞轉爲英法盟軍共同治理的殖民地，一九五一年英法兩國在聯合國的協調下，同意利比亞獨立建國，並由伊德里斯一世擔任國王，史稱「利比亞王國」時期。

利比亞是個典型沙漠部落國家，過去都是由分布全國的各個部落推舉共主，而出身利比亞西方部落的伊德里斯，由於在二戰時期曾經協助英軍抵抗德軍，因而贏得盟軍信任，於是便推舉他爲獨立後的首任國王。但伊德里斯在部落當中的執政基礎卻相當脆弱。就在伊德里斯執政後沒多久，利比亞南部突然發現巨大的石油蘊藏，這引來美英等西方國家覬覦，由於伊德里斯親西方的立場，並讓西方石油公司介入開採利比亞的油田，引發其他部落領袖不滿，開始密謀叛變。

一九六九年九月，伊德里斯國王遠赴土耳其養病，而當時駐紮在班加西（利比亞東部大城）的中尉格達費，聯合許多中下階級軍官組成「自由軍官」，以夜間訓練爲掩護，發動軍事政變，將裝甲部隊開進首都的黎波里，並攻占總統府及電視台，五天後人在國外的伊德里斯國王宣布退位，史稱「綠色革命」，而當時年僅二十七歲的格達費順勢成爲利比亞最高領導人，開啓日後長達四十三年的極權統治。

格達費，崇拜毛澤東的北非狂人

格達費年輕時曾經在埃及開羅唸軍校，當時的埃及是阿拉伯世界領導者，帶領阿拉伯國家與以色列打過七日戰爭，因此他特別崇拜埃及前總統納瑟的「大阿拉伯主義」。所以，格達費上台之後便將利比亞國名改爲「利比亞伊斯蘭共和國」，這是阿拉伯世界當中第一個以伊斯蘭爲名的國家，他認爲阿拉伯國家必須團結起來，才足以對抗西方國家的侵

利比亞狂人格達費。

略，所以他便積極參與國際事務，甚至擔任非洲聯盟的主席國，取代埃及爲阿拉伯世界的領導國。

另外，爲了實踐反西方殖民的理念，格達費到處支持國際恐怖主義，特別是伊斯蘭兄弟會、眞主黨及巴勒斯坦組織，同時他個人也主導多次恐怖行動，暗殺對象包括各國政要及普通老百姓，這讓他從熱情的革命主義轉爲激進的反動主義，格達費最常說：「我不是總統，我是革命領袖。」他要在世界各地散播革命種子。

而格達費所主導的恐怖行動，最有名的當是一九八八年的洛克比空難，利比亞所指使的恐怖分子在美國泛亞航空從英國倫敦飛往紐約的機上放置炸藥，結果在蘇格蘭上空爆炸解體，造成機上二百七十人全部罹難，那是九一一恐怖攻擊之前全球最重大的一次對平民的恐怖攻擊。事後利比亞不但賠償二十七億美元，也遭到西方國家長達十五年的經濟制裁。

在對內方面，格達費極度崇拜毛澤東，因此他仿照《毛語錄》，將他過去所講的言論集結成《綠皮書》，那是一本結合大阿拉伯主義、伊斯蘭教義及社會主義的教義書。由於利比亞是世界主要石油輸出國，靠著豐厚的石油收入，讓格達費可以到處資助恐怖主義活動，也可以在國內實施社會主義。他將所有企業收歸國有，所有人民幾乎都成爲政府雇員，同時所有利比亞人從小學到大學都不用費用，只要到適婚年齡，政府都會配給房子，這讓格達費在利比亞的百姓當中享有極高人氣。

然而，格達費最爲人所詬病的當是他的獨特行事風格。他曾在聯合國大會上獨白九十四分鐘，讓台下各國領導人昏昏欲睡，他喜歡穿著顏色鮮豔大膽的衣服，出國訪問時通常也不住在飯店，而是住在自己攜帶的帳篷中，同時他也成立一支清一色是女性的「亞馬遜護衛隊」來擔任他的貼身保鑣。

自從一九九一年聯合國通過對利比亞的經濟制裁，十餘年以來造成利比亞高達五百億美元的經濟損失，同時由於無法進口零件設備，讓利比亞的石油工業逐漸走下坡，這讓格達費不得不對西方國家低頭。二〇〇一年，美國本土遭到蓋達組織襲擊，格達費竟然對美國伸出和平橄欖枝，不但譴責蓋達組織的行爲，還主動提供美國一份蓋達組織成員名單，這讓美國與利比亞的關係轉趨緩和，於是美國政府便在二〇〇二年放寬對利比亞的經濟制裁，並於二〇〇四年與利比亞恢復邦交。

美利兩國雖然恢復外交關係，但是美國卻對格達費陽奉陰違的做法仍然心存芥蒂，一直找機會想把他除掉，而二〇一〇年的茉莉花革命，似乎是美國的大好時機。二〇一〇年十二月，利比亞的鄰國突尼西亞因爲一名二十六歲青年布瓦吉吉自焚，引發民衆大規模示威遊行，之後竟轉變成要求總統班阿里下台，並立刻舉行大選。班阿里是個軍事強人，他之前以政變起家，統治突尼西亞長達二十三年，二〇一一年一月，突尼西亞總統雖然宣布下台，但這波民主化運動似乎一發不可收拾，因爲它已經開始蔓延到鄰近的埃及、利比亞。

位於北非的埃及同樣由軍事強人穆巴拉克統治，他也統治埃及長達三十年了，因此埃及民衆提出要求穆巴拉克下台、解除戒嚴令、終結緊急狀態及立即舉行民主大選等四項訴求。由於埃及是美國在中東的重要盟國，因此在美國政府的強力介入下，埃及的民主運動並未演變成流血軍事政變，而是穆巴拉克總統下台接受法院審判，最後穆巴拉克被判終生監禁。

推翻格達費，美國卻自食惡果

但利比亞的情況就大不相同了。二〇一一年二月，利比亞的反政府示威運動從東部第二大城班加西開始出現，剛開始只是和平的爭取民主活動，他們要求格達費下台，並舉行總統改選，但格達費卻派出軍隊強力鎮壓示威民眾，造成重大傷亡，因此反對派人士便在班加西另外成立黨中央，組成「過渡政府委員會」，來與的黎波里的中央政府相互對抗。而此時，美國及歐盟國家也協助反對派人士，資助成立反抗軍游擊隊，不但提供大量武器與軍備，也幫忙訓練軍隊。反抗軍游擊隊從班加西開始，一路向的黎波里前進，而格達費的政府軍開始對班加西等大城進行轟炸，造成大量平民死傷，於是美國及歐盟國家以人道為由，宣布在利比亞沿海、東部及西部設立三個禁航區，西方國家開始以武力干預利比亞。

格達費的政府軍受限於禁航區，無法對反抗軍進行大規模掃蕩，同時在西方國家提供先進武器的情況下，反抗軍於二〇一一年八月攻占首都的黎波里，此時美國、歐盟及聯合國立刻承認由反抗軍所組成的「全國過渡委員會」為代表利比亞的唯一合法政府，格達費只能變裝倉皇逃亡，執政將近四十三年的政權終告結束。二〇一一年八月，格達費在故鄉蘇爾特被反抗軍發現，當時他和幾個侍衛躲在地下水道，格達費最終寡不敵眾，在槍戰中結束傳奇一生，時年六十九歲。

格達費政權被推翻後，利比亞在西方國家的協助下舉行首次民主選舉，由法耶茲·薩拉傑擔任利比亞總統。但是薩拉傑之前只擔任過國會議員，並無法有效治理各個部落，這讓利比亞地方政府各司其政，而讓極端教義派伊斯蘭國趁虛而入，它們與利比亞保守派宗教人士結合，反抗執政的薩拉傑政府，引爆利比亞的第二次內戰。沒有格達費的利比亞，似乎已成另一個人間煉獄。

在格達費執政時期，美國一直想將他除之而後快，但是沒了格達費的利比亞，卻也讓美國自食惡果。爲了抗議一部美國電影《天眞穆斯林》劇情涉及汙辱伊斯蘭教創始人穆罕默德，二〇一二年九月十一日，在極端伊斯蘭組織的指使下，數十名利比亞青年衝進位於班加西的美國領事館，放火燒了使館，導致美國駐利比亞大使約翰·史蒂文斯及一位使館工作人員因濃煙致死，這是繼美國駐阿富汗大使阿道夫·達布斯遭綁架遇害之後，三十三年來首次有美國外交人員遇害。

二〇一六年上映的《13小時：班加西的祕密士兵》，敘述由阿隆爲首組成的一支武裝小組，奮不顧身地英勇捍衛美國使館與中情局人員的安全。在劇中，我們看不到美國對利比亞的軍事干預，只看到伊斯蘭極端恐怖分子的殘忍，以及一支六人小組如何以寡敵衆抵抗恐怖分子的一波波襲擊。但我們仍舊可在這部電影中隱約見到當美國「解放」利比亞之後發生的動盪與不安，各勢力之間相互殘殺與攻擊，利比亞彷彿陷入無政府狀態。當美國把眼中釘（格達費）除去之後，卻讓利比亞陷入前所未有的動亂，但美國卻視而不見，班加西慘案似乎是利比亞人民的反撲。

對照利比亞的動亂不安，猶記得格達費剛執政之時，西方工程人員紛紛離境，要讓利比亞挖不出任何一滴石油，但格達費卻憑著毅力，讓鑽油機又重新啓動。當看到黑黝黝的原油噴出時，他不禁說出：「阿拉伯的子民們，從此前進了。」抵抗西方殖民主義，讓阿拉伯人站起來，似乎是格達費未完成的夢想。

格達費的革命從班加西開始，最後卻也命喪班加西，美國外交人員也在班加西被殺害。令人不禁再三感嘆。

03 強權的十字路口：阿富汗的歷史悲歌

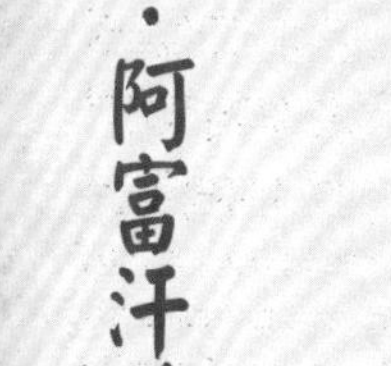

日子總要過下去，不管開始或結束，勝利或失敗，危機或轉機。

——《追風箏的孩子》

對台灣人來說，阿富汗是一個相當陌生的國家。我們對於阿富汗的印象，大多來自於其英文國名的字母排名，因爲 **Afghanistan** 時常排在世界各國首位。如果不是九一一恐怖攻擊之後，美國首要捉拿的蓋達組織要犯賓拉登躲藏在阿富汗境內，讓阿富汗躍上國際版面，我們可能永遠都不知道它位在世界地圖當中的何處。

阿富汗擁有一個全球最佳地理位置，位處歐亞大陸的中央高地，過去是東西絲路的交會口，也是南北交通必經之道，如今它是伊斯蘭文明的最東緣，也是東西文化的薈萃之地，而崎嶇多變的高原地貌，讓阿富汗擁有多元的種族和語言，也成爲恐怖分子的最佳藏身地。

然而不幸的是其絕佳地理位置，卻成爲帝國主義追逐的園地。自冷戰以來，它是蘇聯尋找印度洋出海口的必經之路，也是大英帝國往北逐鹿中亞的主要幹道，在過往誰擁有阿富汗，誰就掌控了南亞大陸，這註定阿富汗將成爲一個多災多難的國家。

其實，阿富汗的近代史，就如同一部外來的侵略史。

自古以來，阿富汗便曾經多次被波斯帝國、孔雀王朝、貴霜王國、大唐帝國、帖木兒王朝、蒙兀兒帝國等勢力所統治。十八世紀之後，由普什圖人所創建的杜蘭尼王朝，猶如一個被外朝軟禁下的囚徒，只能隨著帝國勢力左右擺盪，而毫無招架之力，這讓阿富汗虛有國家外表，卻沒有任何主權之實。

到了一九二一年，在外國勢力的集體干預下，阿富汗幸運地脫離了大英帝國的控制，但是卻落入了另一場災難，英國人離開之前來個臨別秋風，畫下一條有形的

「杜蘭線」，硬生生地把普什圖人分隔在阿富汗及英屬印度兩地，這讓獨立之後的阿富汗陷入前所未有的政治動盪，而自從一九〇〇年以來，阿富汗王國竟然有多達十一位統治者在任內被推翻、暗殺、處決及罷黜，那是阿富汗的政治黑暗期。

除了外國勢力的干預之外，阿富汗的政治動亂也來自內部種族之間的敵對與歧異。

阿富汗地處內陸，周邊鄰國多達六個，這樣的地理背景造就它成爲一個多種族的國家。阿富汗主要以普什圖人爲主，占全國總人口四二％，主要分布在南部及西部地區，普什圖人好客、重名譽及驍勇善戰，勇於抵抗外來的侵略，從過去以來普什圖人一直是阿富汗王朝的統治階級，也是各民族當中的貴族。其餘則是散落在鄰國邊境的少數民族，如分布在北部邊境的塔吉克人，占總人口二七％，還有烏茲別克人九％，艾瑪克人四％，土庫曼人三％及俾路支人二％①。

而最特別的當是蒙古人後裔的哈札拉人，主要分布在阿富汗東部。哈札拉人雖

①：是伊朗人的一支，俾路支地區（西南亞伊朗高原地帶）的主要民族。

然只占人口九%，但是因爲他們的長相（圓臉小眼）與宗教信仰（信奉什葉派）都與主流的普什圖人大不相同，哈札拉人猶如一個被錯置的民族。因此，從過去以來哈札拉人常成爲普什圖人迫害及壓迫的對象，只能流散各地從事低下卑賤的工作。到了塔利班政權時期，在意識形態的掛帥下哈札拉人更成爲被屠殺、滅族的對象，一直到二〇〇二年美國解放阿富汗之後，哈札拉人才取得受教育及基本的政治權利。

二次大戰之後，阿富汗雖然好不容易擺脫英國控制，但在內部宗教、種族的對立下卻又陷入另一波政治動亂，這讓美蘇等外國勢力找到了介入點，他們各自扶植親美及親蘇政權，彼此互不相讓。一九七八年蘇聯扶植的「阿富汗人民民主黨」發動軍事政變，推翻親美的查希爾政權；次年的一九七九年，阿富汗人民民主黨爲了要進一步鞏固統治勢力，竟然引蘇軍入關，讓蘇俄藉著掃蕩叛軍爲由大舉入侵阿富汗，讓阿富汗成爲蘇聯的附庸國，而美國則扶植「聖戰士」游擊隊，潛入鄉間來與其相互對抗，阿富汗陷入所謂的「十年動亂」。

塔利班的崛起，帶來殘暴與混亂

就在這個十年動亂期間，有一群來自阿富汗南部坎大哈地區的「塔利班」（又稱「神學士」），從一九九四年開始在鄉間快速崛起。「塔利班」在阿拉伯語中是「學生」的意思，自然他們是由一群伊斯蘭學校的神學生所組成的。他們是一群愛讀《可蘭經》的年輕人，平常總是喜歡聚集在一起研究著伊斯蘭律法，而這群男性的神學士，其外表上的最大特徵便是頭上紮長巾、臉上蓄長鬍及畫著粗黑眼線。

在阿富汗人普遍厭戰的心理下，塔利班打著「剷除軍閥、重建國家、反對腐敗、恢復經濟」的口號，讓這群神學戰士很快就贏得阿富汗人民的信任，在阿富汗人民的協助下，塔利班竟在短短不到一年時間，從不到八百人的烏合之衆，擴大成爲三萬武裝大軍，並一路從南部攻打進入首都喀布爾。他們於一九九六年初在阿富汗北部的希爾漢驅逐最後一批蘇軍之後，建立塔利班政權。

但阿富汗人從來沒有想到，雖然傲慢的蘇聯人走了，卻來了更殘暴的塔利班政權。

塔利班在取得政權之後，實施政教合一政策，並結合講究名譽的普什圖律法，以及激進的德奧班德學派，以最嚴格的意識形態來詮釋伊斯蘭教義，過去阿富汗人在寬鬆的伊斯蘭律法下可以做的事，塔利班上台之後都加以嚴格禁止。例如塔利班政權禁止人民看電影、看電視、聽音樂及跳舞，家中不能掛畫，也不允許人民從事放風箏、養鴿子等休閒活動。此外也禁止偶像崇拜行爲，用炸藥摧毀巴米揚大佛這座千年古蹟，同時他們也最愛在衆人聚集的足球場上公開處決犯人。在塔利班統治下的阿富汗人，猶如一群被囚禁的鳥。

然而塔利班最爲外人所詬病的，就是對於女性權利的剝奪與壓制。

塔利班不但禁止女性就業及受教育，也規定女性出門必須有家族的男性陪同，同時還要戴上一種密不透風，眼睛只能透過網狀面罩看外界的藍色布卡。而且，爲了要懲罰違反戒律的女性，塔利班還成立「抑惡揚善局」及廣設宗教警察，在塔利班執政期間，經常可以看到宗教警察在街上隨意鞭打女性，甚至予以就地處決。塔利班的殘暴與獨裁，讓全世界僅有巴基斯坦、沙烏地阿拉伯及阿拉伯聯合大公國等三國，願意承認其是代表阿富汗的合法政權。

二〇一〇年八月，美國《時代》雜誌封面刊登了一位被割鼻的阿富汗少女，震撼了全世界，也讓世人開始關注在塔利班執政下，阿富汗女性的艱難處境。

這名被割去鼻子的少女叫愛莎，居住在阿富汗北部，一個由塔利班控制的烏魯茲甘省。在她十二歲的時候，由於她的叔叔在一場意外中殺害了鄰村一名男子，而愛莎的父親為了要化解兩個家族之間的仇恨，便依照阿富汗的傳統習

塔利班規定女性
只能穿著藍色布卡。

俗，將愛莎及妹妹一同送給仇家，以做爲人道的補償。而愛莎在被送過去之後，立刻被迫與仇家的一名男子成婚，而該家族的成員爲了要報復其叔叔的殺害之仇，便對愛莎及其妹妹極盡的暴力與虐待。

在隱忍兩年之後，愛莎最終不堪夫家的虐待，於是只能選擇連夜逃離，但身無分文的愛莎過沒幾天就被夫家找到，由於愛莎的丈夫是塔利班戰士，塔利班鼓勵以「榮譽處決」的方式來處罰違法的女性，於是愛莎的丈夫便以家族蒙羞爲理由，竟親手割下她的鼻子與雙耳，並把她丟在荒郊野外。愛莎爬到親戚家求救，她的父親緊急把她送到喀布爾美軍醫院救治，並輾轉送到美國治療，這場慘絕人寰的悲劇才被世人所披露。但是在阿富汗，不知又有多少無辜女性正生活在塔利班的迫害當中。

《追風箏的孩子》，跨越族群的感動

當今所有電影當中，描述阿富汗現狀最爲眞實、深刻的，無非是《追風箏的孩子》。這部電影是由阿富汗裔美籍作家卡勒德．胡賽尼於二〇〇三年出版的小說所改編的，它不但融合了胡賽尼的個人故事，也是胡賽尼對祖國阿富汗最深的思念，而透過胡賽尼賺人熱淚的筆觸，讓世人了解阿富汗這個陌生國度，進而開始關注阿富汗的人權問題。

這部電影的場景，是從一九七八年蘇聯入侵阿富汗的前夕開始，在當時每年一度的鬥風箏大賽是喀布爾的傳統節日，也是所有小孩最期待的娛樂。出身普什圖人上流社會的主角阿米爾，他怯弱、唯唯諾諾的個性，讓他身為將軍的父親非常頭痛，然而阿米爾卻有一位玩伴兼僕人──哈山，圓臉小鼻的哈山是哈札拉人，他不但個性勇敢，還常常義無反顧地為他的主人出頭，「為了你，千千萬萬遍」，這是哈山最常對阿米爾說的一句話。而哈山最厲害的，就是他總能準確知道風箏的落點，而在哈山的幫助下，懦弱的阿米爾竟然贏得該年的風箏大賽，這讓阿米爾的父親對他刮目相看。

但是，哈山卻在找回風箏的途中遭到普什圖人的集體性侵，這讓哈山從此之後鬱鬱寡歡，也讓阿米爾與哈山的友情出現變化。有一天，阿米爾竟然把親人送他的生日禮物藏在哈山的枕頭下，並誣陷哈山偷他的東西，這讓哈山被迫離開阿米爾家，從此渺無音訊。

之後在一九七九年蘇聯入侵阿富汗時，阿米爾全家逃到巴基斯坦，並輾轉移民到美國。二〇〇〇年在美國事業有成的阿米爾，應他父親的好友拉辛汗之邀，回到了巴基斯坦。從拉辛汗口中，阿米爾了解到塔利班執政下阿富汗的慘狀，同時拉辛汗也告知哈山已經過世，還說了哈山是他同父異母兄弟的驚人事實。

這讓阿米爾想起自己對哈山的做為，以及哈山過去最常對他說的那句話：「為了你，千千萬萬遍」。他決定冒著生命危險，回到阿富汗境內尋找哈山的兒子索拉博。

《追風箏的孩子》嘗試從胡賽尼的親身經歷，訴說普什圖人與哈札拉人跨越族群的情誼，但是我們看到現今民主化的阿富汗，卻還在為族群、宗教的歧異對立不休。阿富汗人的這場千年歷史悲歌，不知道還要上演多久。

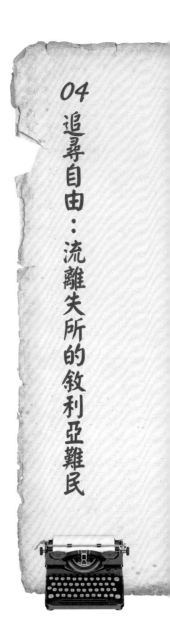

04 追尋自由：流離失所的敘利亞難民

只有透過一種方式才能征服死亡，那就是搶在死亡之前改變世界。

——敘利亞詩人阿多尼斯

還記得一位紅衣藍褲的敘利亞小男孩，俯臥在土耳其南部的沙灘上嗎？他臉部半掩在水中，稚嫩的面容清晰可見，他口鼻浸著海水及沙粒，隨著大海的潮起潮落，一動也不動。這原本只是土耳其警察的例行一照，但這張伏屍海灘照卻隨著社群網站的強大宣傳力，鋪天蓋地抓住了世人的眼球，原來難民不只是冷冰冰的文字，而是有血有淚的眞實影像。這張照片喚醒了世人對敘利亞難民的關注，也震醒了歐洲政客的良心，開始以人道方式收容大批敘利亞難民。

這個改變廣大難民際遇的三歲小男孩叫艾倫，是來自敘利亞的庫德族人，他和他的父母及五歲的哥哥，逃離了戰火漫天的敘利亞，經過長途跋涉到達鄰近的土耳其，他們最後的目的地是北美的加拿大，準備投靠遠在太平洋彼岸溫哥華的姨媽，於是他們花了畢生積蓄找上人蛇集團，並在人蛇集團的安排下全家搭上一艘擠著二十三個難民的小船，欲從土耳其南部的波德倫，橫越愛琴海到達希臘的科斯島。但這艘破舊又不堪一擊的小船卻在啓航四分鐘之後開始進水，進而傾斜翻覆，艾倫及他的母親、哥哥全都命喪茫茫大海之中，全家只有他

不幸罹難的庫德族男孩艾倫。

父親一人僥倖地存活下來，而艾倫的屍體則隨波漂回土耳其海岸，好像試圖向世人訴說這場悲劇。

爲什麼艾倫全家要不辭千里，冒著生命危險逃離他們心愛的家園到西方國家尋求庇護呢？這要從敘利亞的長年內戰開始談起。

打不完的敘利亞內戰

敘利亞是中東文明古國，過去曾經前後受過羅馬帝國及鄂圖曼土耳其的統治，因此被稱爲基督教文明及阿拉伯世界的十字路口。一次大戰之後，敘利亞成爲法國殖民地，直到一九六〇年才脫離阿拉伯聯合共和國獨立建國，但敘利亞獨立不久後，軍事強人哈菲茲．阿賽德（以下以老阿賽德代之）便以阿拉伯復興社會黨爲後盾，發動一場軍事政變，開啓了阿賽德家族的長期獨裁統治。老阿賽德執政期間實施一黨專政，禁止任何政治集會遊行，並隨意逮捕異議人士，到了二〇〇〇年，掌權長達三十年的老阿賽德過世，由他的兒子巴塞爾．阿賽德（以下以小阿賽德代之）繼任，當時他還不滿三十四歲。

小阿賽德上台後爲鞏固家族的統治勢力，指派胞弟馬赫爾．阿賽德擔任敘利亞精銳部隊：國家共和衛隊的指揮官。姊夫約瑟夫．沙烏卡特擔任三軍副參謀總長。敘利亞雖然信奉伊斯蘭教，但內部的教派卻相當複雜，在敘利亞約一千八百萬的人口中，遜尼派約占七〇％，什葉派約占二〇％，其中阿賽德家族所隸屬的什葉派分支阿拉維派卻只占

敘利亞總統小阿賽德

一二％，這讓小阿賽德必須緊緊抓住軍權，做爲打擊異己的工具。阿賽德政府軍不但屢次鎭壓反政府的異議人士，也時常屠殺邊境的庫德族人。

其次在經濟發展方面，小阿賽德上台之後，雖然矢言延續過去老阿賽德的經濟開放政策，並積極進行經濟改革，但是在家族的分贓政治下卻讓國內貪汙腐敗橫行，同時在二〇〇四年，美國因爲阿賽德政府的不良人權紀錄，以及長期支持恐怖主義，對敘利亞進行全面性的經濟制裁，這讓外來投資者爲之卻步，也讓國內失業率急遽攀升。根據統計，在二〇一〇年敘利亞的平均失業率高達二五％，二十到三十五歲之間的年輕人失業率更高達七七％，高失業率也引起國內的政治動盪與不安。

二〇一一年，北非爆發茉莉花革命，在多年的經濟凋零及高壓統治下，這波民主浪潮自然也席捲了敘利亞，且還一發不可收拾。在該年三月十五日，敘利亞首都大馬士革因爲一群孩童遭到政府軍逮捕，引爆大規模的反政府示威抗議，要求進行民主改革，結果阿賽德政府向抗議群衆開火，造成多人傷亡。這起事件點燃全國人民的怒火，從四月一日起，超過二十五萬人在全國二十大城市舉行反政府遊行，而他們的訴求也從過去的釋放政府犯、掃除貪腐，轉為推翻阿賽德政府。

七月二十九日，有七名敘利亞軍官組成「敘利亞自由軍」，聯合全國的反對力量，開始以武裝力量欲推翻阿賽德政權，於是敘利亞政府派出軍隊進行鎮壓，並於七月底展開「齋戒月大屠殺」。這場慘絕人寰的大屠殺，在短短一天之內造成一百四十二人死亡、數百人受傷，但這並未影響反抗軍的起義行動，八月分各反對力量聯合成立「敘利亞全國委員會」，以中央總部形式在全國各地成立地方反抗勢力。

這時位於敘利亞、土耳其邊境的庫德族也呼應反抗軍，開始成立自治政府，並與政府軍爆發激烈衝突，於是敘利亞的內戰正式點燃，而位於伊拉克境內的伊斯蘭國也趁著敘利亞內戰的時機，開始入侵敘利亞邊境，並占領敘利亞西部的廣大領土，形成政府軍、反叛軍、伊斯蘭國及庫德族四方混戰。於是敘利亞陷入無政府狀態，此時有上百萬名的敘利亞人為了遠離戰火，紛紛進入鄰近的土耳其尋求庇護。

國際勢力的介入，也加劇敘利亞內戰的衝突。國際陣營對於敘利亞交戰雙方各有支持者，做為敘利亞的長期盟友，俄羅斯、伊朗及黎巴嫩支持阿賽德政府軍，他們提供大量武器及軍事裝備來協助鎮壓反抗軍，俄羅斯還派出軍機對反抗軍陣營進行空襲。另外，美國、歐盟及阿拉伯國家則支持反抗軍陣營，他們不但提供大量武器給「敘利亞自由軍」，也譴責阿賽德政府犯下違反人權的暴行，要求阿賽德政府下台，因此有人便稱敘利亞內戰實爲美俄兩國的代理人戰爭。

歐洲的兩難：在人道與反恐之間擺盪

其實，自從二〇一一年年初敘利亞爆發內戰後，便開始有成千上萬的敘利亞難民逃離家園，越過邊境，尋求鄰國的政治庇護。然而隨著內戰的激化，敘利亞難民的人數急劇增加，根據統計，從二〇一一年至今六年期間，共計有一千一百萬敘利亞難民離開他們的國家，占敘利亞總人口的三分之二，而光是土耳其一國便收容高達六百萬敘利亞難民，讓土耳其政府難以負荷。

於是有大批敘利亞難民開始利用各種方式及管道，想要輾轉逃到歐盟國家，因爲根據《申根公約》，二十六個歐盟國家完全取消邊境管制，因此只要進入歐盟國家的其中一國，便有機會輾轉到富裕的德國、法國及北歐國家。所以，有人從陸路經由土耳其、希臘進入歐洲大陸，這讓希臘與保加利亞、羅馬尼亞及匈牙利邊境人滿為患，成千上萬敘利亞難民搶搭往德國的火車，也讓跨國火車不得不停駛，於是匈牙利、捷克、羅馬尼亞及南斯拉夫等東歐國家開始進行邊境管制，防止大批難民湧入。

另外，有人則從海路，遠繞到北非搭上小船，橫越地中海偷渡到義大利及希臘。由於他們大多是由人蛇集團所安排，在人蛇賺取暴利的私心下常常有上百個難民全擠在一艘小船中，在大海上載浮載沉，一遇到大浪便翻船顛覆，使地中海上的船難不斷。據統計，在二〇一五年四月十三到二十日一週期間，地中海便發生五起重大船難，有五艘載滿二千名難民的船隻翻覆，造成一千二百名難民死亡。

由於地中海船難不斷及歐盟邊境警察對難民施暴，敘利亞難民問題開始引起國際輿論關注，但是美英法德等引爆敘利亞內戰的西方國家，仍然對難民問題置身事外，直到小男孩艾倫的照片曝光之後，在國際人道組織的壓力下歐盟才召開大會，討論各國收容難民的配額。

然而，這場難民潮卻在歐盟內部掀起富國與窮國之間的論戰，個別國家的經濟利益考量，似乎已經大過共同體的精神。

歐盟自成立以來，便是以共同體爲概念，在這共同體的大旗下，歐洲不分大小國、窮國與富國，拋棄彼此國內的成見，享有相同的權力，肩負共同的利益，這是《馬斯垂克條約》的基礎，也是《申根公約》的精神，可是這次我們卻看到英國及西班牙大修圍籬，匈牙利及保加利亞也在邊境築起高牆。

在這次的難民潮當中，德法等西歐先進國家希望透過接受大批難民，來解決國內勞力短缺問題，以提升國內的經濟發展。而波蘭、匈牙利等東歐後進國家，則視接受難民爲一項沉重經濟負擔，深怕過多的難民將會拖垮早已搖搖欲墜的經濟。這是東歐國家仍然執意進行邊境管制，同時強力反對歐盟執委會強制分配難民配額的主要原因，從歐盟內部意見的分歧，可看出各國的政治盤算。

其次，這場難民潮早已經在美國、德國等大國內部引發人道主義與民族主義的論戰，而民族主義的聲浪早已蓋過人道主義的救贖。

敘利亞內戰爆發後，美國總計才收容一千五百位敘利亞難民，與土耳其及黎巴嫩兩國動輒數百萬相比，以世界警察自詡的美國，這次似乎有些置身事外，一直到歐盟公布各國強制分配難民額度之後，歐巴馬才鬆口二〇一六年會收容一萬名難民。美國之所以對接收中東難民如此謹慎，最主要原因是擔心伊斯蘭國組織分子混雜在難民當中，讓美國本土蒙受恐怖攻擊危險。

反觀德國，出身東德的總理梅克爾，為了體現西德接納東德的人道精神，決定撥款六十億歐元，接受八十萬難民之後，大批難民潮便以各種方式湧入德國，光是南方大城慕尼黑，在兩週之內便收容將近七萬名難民，而在過去四年當中，德國已經收容將近八十五萬名難民，但大批新移民的湧入，已經激起德國內部民族主義的矛盾，這讓富有人道主義的德國也不得不再次管制邊境，並宣布難民不能挑東道主。

在電影當中，討論難民議題最引人關注的，非榮獲二〇一五年法國坎城影展金棕櫚大獎的《流離者之歌》莫屬。這部電影由法國導演賈克·歐迪亞執導。《流離者之歌》是一個虛構故事，但是卻隱含著導演豐富的想像力，劇情敘述一個斯里蘭卡前游擊隊成員爲了要進入歐洲展開新生活，找來原本毫不相識的一位女子和一個小女孩，冒充成一個逃難的家庭，闖過層層關卡和檢查，終於在法國大城市郊區安頓下來，沒想到卻捲入周圍幫派毒品的街頭巷戰，這和家鄉的戰火一樣荒謬危險，一樣無處可逃。

《流離者之歌》雖然探討的是大家比較少關注的斯里蘭卡難民，但是卻道出難民們彼此的共同遭遇——貧窮、語言隔閡、種族偏見與文化歧視。戲中主角迪潘帶著發光的貓耳朵在街邊賣玩具，常常被法國警察追著跑；女主角明明不是信仰穆斯林，但因爲膚色關係，卻被強迫要包上頭巾；迪潘應徵管

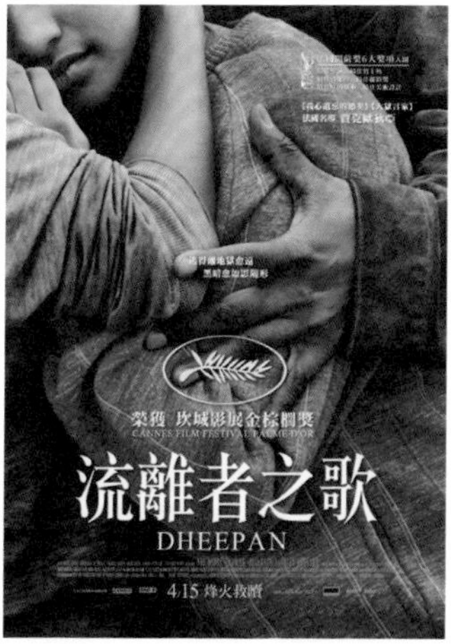

流離者之歌
上映年分：2016（台灣）
發行：聯影電影

理員時因爲語言不通，被移民官揭穿人蛇集團教他的話術。

許多難民冒著生命危險逃離家園，當成功來到新樂園時卻盡是徬徨無助。不過，套句敘利亞詩人阿多尼斯的詩句：「只有透過一種方式才能征服死亡，那就是搶在死亡之前改變世界。」這或許是難民們的最佳心情寫照。

05 被遺忘的角落：盧安達與辛巴威

寧靜的黃昏，伴著輕風的音樂，小草緩慢舞蹈，透明的河水潺潺流動。這麼甜美的意境下，怎會發生自相殘殺的人間悲劇？

——盧安達詩人穆塔巴卡

各位讀者看過面額一百兆元的紙鈔嗎？很多人剛拿到這張鈔票，都被鈔票上十四個0搞得眼花撩亂，但在鈔票上卻清楚寫著「ONE HUNDRED TRILLION DOLLARS」。它不是一張玩具紙鈔，而是在二〇〇八年由辛巴威中央銀行發行的法定貨幣，是當今全球面額最高的紙鈔。這張一百兆元紙鈔的價值有多少呢？它是台灣六十五年國家總預算的總和，也是全球首富比爾．蓋茲財富的五十倍，但是在辛巴威，這張鈔票只能買一根香蕉。

從二〇〇六年開始，辛巴威便陷入前所未有的惡性通貨膨脹，物價比不上貨幣貶值速度。三年前，一萬元辛巴威幣可以買一棟房子，如今卻只能買一條麵包。在通貨膨漲率高達一〇〇〇〇%的情況下，超商貨架上的東西早就被搶購一空，辛巴威政府只能發行面額更大的紙鈔來加以因應，但仍然比不上貨幣貶值的速度，後來辛巴威店家不再用數的點鈔，而是改用秤重的，許多辛巴威人只是要買一條牙膏，卻得吃力地推著一車紙鈔。這是發生在辛巴威的眞實故事。

其實，辛巴威以前並非如此。辛巴威位處非洲東南角，是一個內陸國家，但因位在非洲西南高地，所以四季氣候溫和、風景秀麗，自古以來便有「非洲的瑞士」之稱。同時，上帝也待辛巴威人不薄，辛巴威擁有南非洲最大河流尙比西河所沖積的平原，也有伊尼揚加尼火山灰所堆積的肥沃黑土，因此辛巴威物產豐饒、人文薈萃，從過去以來就有「非洲穀倉」稱號。然而辛巴威的絕佳地理位置卻並未爲它帶來好運，反而讓它成爲兵家必爭之地。

辛巴威自古以來即是紹納人的領地，他們屬於非洲兩大黑人體系「班圖人」的一個支脈（另一支爲尼格羅人），並在此創建強大的紹納文明。紹納人善於經商，他們利用南印度洋與波斯灣之間的海上貿易網，建立了強大的「馬蓬古布韋王國」，從十三世紀以來一直是非洲南部最大的邦國，領土北至剛果，南至南非，並橫跨大西洋與印度洋。

到了一八四〇年，來自南部的波爾人（南非裔荷蘭人）及英國人開始入侵，在西方強大軍力的優勢下，輕易擊敗馬蓬古布韋王國，並替英屬南非公司取得廣大的領土權。一八九五年，大英帝國在南非建立了殖民國家「羅德西亞」，涵蓋了當今的辛巴威、尙比亞、莫三比克及安哥拉等國，但辛巴威人卻因採礦權，屢次與英國殖民政府爆發大規模衝突。爲了便於統治，英國政府在一九一一年，將羅德西亞畫分成北羅德西亞及南羅德西亞，而辛巴威即屬於南羅德西亞。

一九六五年南羅德西亞的白人總理伊恩．史密斯，因爲不滿英國政府的殖民統治政策，宣布脫離英國統治而獨立，但南羅德西亞的獨立並未受到國際社會承認，同時在英國的壓力下，南羅德西亞還遭到聯合國的經濟制裁，且此時南羅德西亞的黑人也不滿白人統治政策，成立「辛巴威非洲民主聯盟」及組織游擊隊來對抗白人政府。在內外夾擊下，白人政府終於退讓，於國際組織的監督下將政權和平移轉給黑人政府。

一九八〇年四月十五日，辛巴威共和國正式成立，並由「辛巴威非洲民主聯盟」主席羅伯．穆加比擔任首任總統，但從此以後他再也沒有下台過。

辛巴威黑人當家做主，卻民不聊生

辛巴威雖然有豐饒物產，卻在穆加比上台後全變了調。過去在英國殖民時期，白人雖然只占辛巴威總人口一千三百萬的一．八％，但他們卻是辛巴威經濟成長的重要推手，他們不但引進先進農業技術，也進行大規模開墾政策，讓辛巴威從一片荒漠成爲非洲著名穀倉，而稻米及農產品的出口也成爲辛巴威重要經濟支柱，但白人掌控辛巴威全國將近九成土地，黑人只能從事低階的農業勞作，這種長期性的階級歧視引發黑人不滿。

因此，當黑人總統穆加比上台後，爲了報復白人政府長期對黑人的欺壓，便進行全國性的土地改革，以過去白人殖民政府奪取黑人土地爲由，沒收了歐洲白人所有土地，這造成具有技術的白人農民大量出走，使得大片農地開始荒蕪，大批農產品也因爲沒人採收而任憑腐爛，這讓辛巴威經濟陷入前所未有的混亂。

其次，穆加比爲了要鞏固政權，一方面極盡打壓反對勢力之能事，特別是長期反對他

辛巴威總統穆加比，
世界上最年長的總統。

的「辛巴威非洲民主聯盟」，同時他也以做票、賄賂方式來操作總統大選，讓自己在二〇〇二年順利連任。穆加比利用不正當手段連任之後，在反對黨的鼓動下，罷工及抗爭活動開始在全國各地點燃，而穆加比則派軍隊進行武力鎮壓，造成數百人傷亡。而此時，國際貨幣基金會也以穆加比違反人權為理由，終止對辛巴威的經濟援助，這讓辛巴威經濟陷入困境。

在內外交迫下，穆加比似乎仍不為所動，他聽信經濟顧問建議開始以大量印鈔方式挽救辛巴威的經濟，這讓辛巴威的通貨膨脹率急遽增加，在預期心理之下，辛巴威的物資早就被搶購一空，於是辛巴威政府的鈔票發行面額越來越大，但人民能購買的物品卻越來越少。辛巴威曾經在二〇〇八年六月創下通貨膨脹率達二〇〇〇〇〇〇%的空前紀錄，造成大批辛巴威人開始遠離家園，到鄰國工作或尋求庇護。

二〇一五年六月，辛巴威政府不得不宣布放棄辛巴威幣，改以美元制，再加上中國免除辛巴威四千萬美元債務，這才遏止辛巴威的通貨膨脹危機。然而，這經濟改革的失敗卻似乎一點也不影響穆加比連任的興致。二〇一五年總統大選，執政長達三十三年的穆加比又重施故技，以技術拖延及做票方式順利連任，這讓高齡已九十三歲的穆加比，成爲非洲最年長的萬年總統。

盧安達的種族屠殺悲劇

非洲眞是個多災多難的黑暗大陸，就在辛巴威創下前所未有的通貨膨脹紀錄之後，在非洲的另一角——盧安達，也出現近代史上最大規模種族屠殺事件，總計超過兩百萬人死亡。不論是辛巴威經濟危機或是盧安達種族屠殺，它們都具有一個共同特色，就是受到國際強權的刻意忽視。以美國爲主的西方國家一向只重視具有石油及戰略利益的中東地區，毫無政經利益的非洲大陸彷彿是被遺忘的地區。

盧安達是位於中非的一個小國，十九世紀之後曾經分別是德國及比利時的殖民地。盧安達雖然只有不到一千萬的人口，但內部種族及政治勢力卻相當複雜。

盧安達是由多達二十個氏族所組成，主要種族是胡圖族、圖西族、特瓦族三大種族，其中胡圖族占多數約八五％，然而人口較少的圖西族卻掌控盧安達多數經濟資源。

十九世紀吉加利國王統治時期，他實施一種徭役制度，讓富裕的圖西族人可以金錢來換取胡圖族的勞動服務，在這種階級制度下，讓兩族之間開始出現裂痕，而一九三五年比利時殖民政府更讓圖西族擔任領導階層來統治多數的胡圖族，當時為了便於辨識，便發行一種身分證制度，明確地標示胡圖與圖西兩種族別，這讓兩族之間失去了階級流動的機會，在種族屠殺時期，身分證更成爲屠殺圖西族的重要依據。

一九六二年盧安達宣布獨立之後，在實施民主制度下由胡圖族出身的格雷戈瓦·卡伊班達當選首任總統，由於胡圖族過去長期被圖西族迫害，因此當胡圖族掌權之後，不但對圖西族實施種族歧視政策，也不斷透過媒體灌輸圖西族爲國家敵人的仇恨思想，這引發圖西族的恐懼與不滿。於是在烏干達政府的支持下，圖西族便成立「盧安達愛國陣線」來對抗政府軍，其目的在推翻由胡圖族所組成的政府。

一九九四年四月六日，胡圖族的總統朱韋納爾·哈比亞利馬納所乘坐的座機，被圖西族叛軍在烏干達邊境擊落，哈比亞利馬納總統不幸傷重身亡，這場政治暗殺事件引起胡圖族的不滿，於是派出政府軍開始全面掃蕩「盧安達愛國陣線」，盧安達開始爆發內戰。交戰雙方各有支持者，法語系的鄰國剛果支持胡圖族，而鄰近的烏干達則支持圖西族，在鄰國的煽動下，讓盧安達內戰一發不可收拾。

在新仇舊恨的催化，胡圖族決定開始屠殺圖西族，當時的屠殺政策是由胡圖族組織阿卡祖策畫。這個組織是由盧安達政府高級領導人所組成，並交由胡圖族的民兵負責執行屠殺任務。他們在首都吉佳利的各大路口設置路障，逐一清查路過的車輛與行人，同時也逐戶進行人口清查，只要發現是圖西族人，男性當場格斃、女性婦孺則送到集中營處決。從一九九四年四月六日至七月十日，在這短短一百天當中總計約一百萬圖西族人被屠殺，占圖西族總人口的七七％，也超過當時盧安達人口的二〇％。

這場慘絕人寰的種族屠殺，其實只要國際間派出維和部隊就應該可以避免，但國際社會卻一再忽視。當時身爲世界警察的美國，因爲在索馬利亞實施「黑鷹計畫」的干預政策慘遭滑鐵盧，而遭到歐盟等西方國家譴責，因此遲遲不願介入盧安達的種族屠殺問題，而非洲國家也因爲政治利益刻意保持中立，聯合國更不願伸出援手，只有國際紅十字會派出醫療團體收容數十萬名無家可歸的孩童。盧安達真是一個被世界遺忘的國家。

但電影界並沒有遺忘盧安達。由英國、南非、加拿大及義大利四國製片家，在二〇〇四年所合力拍攝的《盧安達飯店》，他們主要目的是想喚醒世人對十年前發生在盧安達種族大屠殺的記憶。這部電影由真人真事改編，敘述一位盧安達胡圖族飯店經理保羅在那場種族大屠殺當中，冒著生命危

《盧安達飯店》男主角美國黑人影星唐其鐸（右），與勇敢的飯店經理保羅。

險設法挽救一千多個圖西族難民生命的故事。由於保羅的妻子也是圖西族，從這可以看出在胡圖、圖西長久以來的通婚政策下，兩族早就已經融合了，而種族歧視只是政客用來消滅敵人的工具。

在這部電影當中，印象最令人深刻的就是在這場平均一天屠殺一萬人的種族大清洗中，胡圖族民兵如何辨別圖西人。首先就是以鼻子的寬度來辨識，皮膚褐色、個子高挑、鼻子直直是圖西人；皮膚黝黑、個子中等、鼻子寬寬的是胡圖人。其次則以經濟所得來區分，例如「十牛法」：擁有十頭牛以上的是圖西人，擁有十頭牛以下的則爲胡圖人。只靠外表而不用任何理由就輕易結束一個人的生命，這場盧安達大屠殺實在殘忍。

記憶是永遠不可抹滅的。二〇一四年盧安達大屠殺二十週年的那一天，聯合國祕書長潘基文對於當時聯合國未能及時阻止這場大屠殺，深深感到愧疚。而在那場大屠殺中失去女兒及右手的愛麗絲，也放下了仇恨，與當時揮刀行兇的伊曼紐相互擁抱。

盧安達詩人穆塔巴卡在《回憶》這首詩中如此寫道：「寧靜的黃昏，伴著輕風的音樂，小草緩慢舞蹈，透明的河水潺潺流動。這麼甜美的意境下，怎會發生自相殘殺的人間悲劇？」

06 黑人執政，為何美國黑人卻無法呼吸？

我們必須接受失望，因為它是有限的；但千萬不可失去希望，因為它是無限的。

——美國民權運動領袖馬丁・路德・金恩

二〇一四年十二月四日這天，在美國的族群史上是一個重要日子。

在那一天，有上萬名紐約民眾，他們不分黑白、不論種族，一起走上街頭，抗議紐約大陪審團不起訴一名白人警察潘塔里歐，裁決理由是：「無正當理由提告」。潘塔里歐在四個月之前涉嫌以鎖喉方式，活活掐死一名手無寸鐵的黑人男子，但竟然被判無罪。

這椿事件發生在二〇一四年七月十七日，當時四十三歲的非裔男子賈納，正在紐約史塔登島街頭兜售走私香菸，潘塔里歐發現後便上前取締，當時賈納嘗試向警方解釋，但潘塔里歐並不予理會，逕自強行逮捕。爲了要制伏比他高大的賈納，潘塔里歐竟從身後以手肘勒住他的脖子，並在同袍的協助下把他壓制在地，而當時有哮喘病史的賈納雖然不斷地高喊著「我不能呼吸」達十一次，但潘塔里歐仍然緊緊勒住賈納的脖子不放，直到他氣絕身亡。

當路人將這段影片上傳到社群網站之後，立刻引發美國民衆高度不滿，認爲白人警察有種族歧視之嫌導致用武過當，他們走上街頭癱瘓了紐約中央車站及布魯克林大橋，連遠在英國也有上千名民衆躺在倫敦購物中心表示聲援，而多位NBA黑人球星更自發性地穿著「I CAN'T BREATHE」（我不能呼吸）T恤，以表示對白人警察的抗議。美國的種族對立似乎一觸即發。

冰凍三尺非一日之寒，其實在賈納事件發生的一個星期前，美國便曾在一天之內連續發生兩起黑人被白人警察無端槍殺的慘劇。在持槍合法化的美國，過去這種事件通常不會受到媒體青睞，但是在歐巴馬當選總統，黑人當家做主之後，白人槍殺黑人便會在種族歧視的角度下被刻意放大。

首先是一位黑人青年斯特林，他於二〇一四年七月五日晚間，在路易斯安那州的一間便利商店前兜售非法CD光碟片，兩位白人警察獲報前往盤查，並與斯特林發生激烈爭吵。其中一位警察使用電槍將他擊倒在地，之後斯特林試圖反抗，並推開壓在他身上的警察時，另一位警察在情急之下竟對其胸口連開三槍，將其擊斃。隔天清晨，另一位黑人青年卡斯蒂爾，因為他駕駛的車子尾燈未亮，被路邊警方攔下盤查要求檢查證件，當他手伸進口袋拿證件時，竟被警方誤以為要掏槍而遭警方連開四槍，當場擊斃。

這兩起白人警察擊斃黑人青年事件，引發全美國黑人的大規模串連示威抗議，其中在德州達拉斯一場名為「黑人的生命也是命」的大遊行中，在路邊負責維持秩序的警察，竟遭到一名黑人狙擊手強森持槍瘋狂掃射，造成五名白人警察身亡，七名警察重傷。

事後這名兇手雖然遭到當場格斃，但卻有一個美國激進組織「黑人力量政治組織」在臉書上，承認他們製造了這場達拉斯殺警慘案，並威脅將會持續無預警地暗殺白人警察。基於以上理由，美國聯邦航空管制局宣布對達拉斯上空進行空中管制，這是九一一事件以來，美國政府首次進行空管，只是之前是打擊國際恐怖主義的「外戰」，這次卻是對抗國內種族主義的「內戰」。這對向來以民主自豪的美國來說是何等諷刺。

黑人總統、白人焦慮：美國種族衝突的激化

然而，美國的種族對立並未就此平息，反而從警察與平民之間的衝突，擴大爲白人與黑人之間的仇恨。二〇一五年六月十七日，南卡羅來納州一座正在做晚禮拜的黑人教堂，遭到一名白人男子持自動步槍闖入，他以屠殺式的方式進行掃射，時間長達半個小時，造成九人死亡、十餘人受傷。這座伊曼紐爾衛理公會教堂建於一八一六年，是美國南方歷史最悠久的非洲衛理公會教堂，它見證了過去蓄奴的時代，也經歷了黑人民權運動，因此被視爲美國黑人的精神中心，而這椿教堂槍擊

案，自然被外界認為是美國白人對黑人的政治宣戰。

回顧在二〇〇八年，當歐巴馬在白人選民的支持及簇擁下成爲美國歷史上首位黑人總統之後，大家都認爲這是美國種族的大和解，也是美國黑人人權出頭天的歷史性時刻，但是在過去八年當中，美國種族衝突與對立卻不減反增，在白人至上主義下，竟然有上千名黑人遭到白人警察的槍殺。有人說，這是美國白人在黑人總統統治下的集體反撲，也有人

美國前總統歐巴馬，
是美國史上第一位非裔美國總統。

說，那是白種人被剝奪下的集體焦慮。六十年前，馬丁．路德．金恩開始尋求黑人的政治平等權，而當黑人也好不容易攀上政治的巔峰，卻反而激化種族的對立，讓多少黑人淪爲槍下亡魂，這應該是金恩博士始料未及的。

美國種族問題最大根源，在於美國社會長期以來對黑人的定見，連身爲首位黑人總統的歐巴馬自己也承認，種族歧視在美國是一種從來沒有被治好的病，它只能緩和，但無法根治。例如當歐巴馬擔任參議員時，穿著燕尾服參加國宴，有不認識他的白人外賓，很自然地把手中的紅酒杯交到他的手上，把他當成是服務生；當宴會結束時，歐巴馬在飯店門外等司機把車開過來時，有白人開車進來，也很自然地把車鑰匙交到他的手中後逕自走進飯店，以爲他是泊車小弟。連歐巴馬都曾經有過如此遭遇，更何況一般市井小民？

將視角回到距今一百五十一年前（一八六五年）的四月，那是美國歷史上最值得紀念的一個月分，因爲在該年的四月九日，南軍指揮官羅伯特．李向北軍格蘭特將軍投降，美國南北內戰正式宣告結束，當時美國總統林肯對於族群平等發表一篇動人心弦的演講文：「對任何人不懷惡意，以慈悲對待所有人的至高善意。」在當時南北激烈的分裂主義下，這是多麼高貴的情操！

但五天後，主張解放黑奴的美國總統林肯在福特劇場看戲時，被一名來自南方的激進主義者約翰．布斯暗殺，他想以刺殺總統的方式，挽回南軍在南北戰爭中的頹勢。林肯總統於隔天宣告不治，但林肯之死卻意外促使美國的南北團結，林肯的靈柩旅程，從華府綿延至他的故鄉春田市，長達一千六百公里。這是美國首位總統遇刺，但也揭開了美國暴力主義向領袖行兇的不良風氣。在這之後的一百年當中，美國總計有三位總統被刺身亡（加菲爾德、麥金萊及甘迺迪），而美國第一位黑人總統歐巴馬，在他上任以來所收到的暴力恐嚇信也比任何一位總統還多。

在美國可以合法持有槍械的背景下，讓這股暴戾之氣從遙不可及的總統蔓延到日常生活當中。

置身槍口下的美國

二〇〇七年四月十六日，一位維吉尼亞理工大學韓裔學生趙承熙，因為長期與人疏離，以及遭到種族歧視，竟持槍進入校園對正在上課的學生進行掃射，造成三十三人死亡、二十三人受傷，趙承熙在行兇後自殺身亡，這是美國有史以來傷亡最重大的校園槍擊事件。但這股暴戾風氣似乎沒有停歇，而且犯罪的年紀還越來越輕。二〇一二年十二月四日，一位二十歲青年亞當・藍札因為父母管教問題，竟持槍在家中槍殺母親之後，闖進附近的桑迪・胡克小學，對正在遊玩的小學生進行掃射，總計造成二十八名兒童及教職員死亡。從二〇〇五年至今，美國總計發生九件校園槍擊事件，持槍合法化及校園安全，頓時成為眾所討論焦點。

槍械暴力在美國，也成為恐怖分子襲擊的工具。二〇一六年六月十二日，在美國佛羅里達州奧蘭多最富盛名的同性戀夜總會「脈動」，正在舉行年度的拉丁主題之夜，一位二十九歲阿富汗裔青年馬丁，因為信奉極端伊斯蘭教及疑似歧視同性戀，竟手持一支攻擊步槍對夜總會進行瘋狂掃射，並在開槍時高呼「眞主至大」。

這次槍擊總計造成五十人死亡、五十三人受傷，而兇手宣稱受到伊蘭國聖戰的感召，伊斯蘭國也在事後追封馬丁為「烈士」。這是九一一恐怖攻擊以來，美國境內最大規模的槍擊案。

這一連串的槍擊悲劇，引發美國國內輿論對槍械管制議題的熱烈討論，但是也就如同過去，這種討論在「美國步槍協會」（NRA）的強力遊說下，自然不了了之。

「美國步槍協會」成立於一八六八年，至今已有一百四十多年的歷史。在創立之初，其目的只是要提高射擊技巧，但在二戰之後，美國步槍協會卻逐漸跨進政治領域，支持美國人權法案的第二修正案，主張合法持有槍械是每個美國公民所應享有的權利。同時，美國步槍協會也成爲美國槍支製造業，和槍支愛好者利益的代言人，該協會在全美國擁有約四百三十萬會員，是美國最大的利益遊說團體，連過去美國歷任總統當中，都有八位是協會的會員（麥金萊、塔虎脫、艾森豪、甘迺迪、尼克森、雷根、老布希及小布希），他們不但具有強大的經濟實力，也不遺餘力地遊說議員，使得美國歷史上數次槍支管制的法案都宣告流產。由此可見美國步槍協會驚人的政經影響力。

而美國的歷任總統在巨額政治獻金的誘惑下，也都大力為合法擁有槍械來代言，例如雷根總統便在其任內通過了《武器擁有者保護法》，這項法案被認為是美國槍支管制的嚴重倒退。然而，諷刺的是，極力為美國合法擁有槍械解套的雷根總統日後卻遭到歹徒持槍暗殺，雖然僥倖保住一命，但也元氣大傷。另外，大力支持美國步槍協會的麥金萊總統，也在總統任內被歹徒持槍暗殺，成為槍下亡魂。

猶記得雷根總統在遭槍擊後說了一句名言：「不是槍殺人，而是人殺人。」這句話至今仍被反對槍支管制者奉為圭臬。美國步槍協會的影響力，強大到能讓雷根總統在遭遇槍擊之後還能為其打圓場，也難怪有人說統治美國的不是美國總統，而是美國步槍協會，因為其能輕易跨越民主黨、共和黨的政治藩籬，也能夠操縱美國的總統選舉，還能夠影響美國大法官的提名。

在電影當中，談論到美國黑人爭權奮鬥史的，較具代表性的當是《白宮第一管家》一片。該片是二〇一三年由美國導演李·丹尼爾斯所執導的歷史劇情片，改編自非裔黑人尤金·艾倫的故事。艾倫的祖先是非洲的黑奴出身，艾倫小時候也擔任過白人家庭的工人，在因緣際會下被推薦到美國的政治權力中心白宮，擔任總統的貼身管家。

在艾倫的細心及努力下，贏得歷任總統信任，因此他在白宮服務長達三十四年，歷經七任總統，這部片便是從艾倫的眼中，窺探二次戰後美國黑人民權的奮鬥史，也見證美國許多重大政治事件，包括甘迺迪總統被刺、詹森總統發動越

前白宮管家艾倫，
在白宮服務了34年。

戰、尼克森總統的水門事件。導演也巧妙把這些政治事件，透過艾倫的兒子與美國黑人的爭權史相互連結，加強了這部電影的可看性。

猶記得在電影最後黑奴出身的男主角看到歐巴馬當選美國總統，不由自主地流下欣慰眼淚。只不過故事主人翁在二〇一〇年便過世，沒有目睹歐巴馬上台後種族衝突對立日益擴大的場面。

美國民權運動領袖馬丁・路德・金恩曾經說過：「我們必須接受失望，因爲它是有限的；但千萬不可失去希望，因爲它是無限的。」不知道美國種族和解的曙光，何時才會出現。

第2部 人權與民主的不斷辯證

06 印度，顛簸的民主大國

雖然種姓制度早已廢除，但現今影響印度進步的最大阻力，仍然是種姓制度。

——印度聖雄甘地

印度是世界的人口大國，至二〇一六年最新數據統計共約十三．三億人，僅次於中國的十三．八億人。但不同於中國的是，印度是個體育弱國，一向與奧運獎牌絕緣，從一九八〇年以來印度只得過一面奧運金牌，而這枚金牌是來自二〇〇八年北京奧運十公尺的氣槍射擊，得主是來自印度北部的阿比納夫．賓德拉，他還因此獲得印度政府頒發二千萬盧比（約合九百萬台幣）獎金，這筆獎金在人均年所得只

有八萬盧比的印度，是一筆相當龐大的數目。然而賓德拉的獲獎卻不是來自印度政府有計畫的栽培，而是靠他個人不眠不休的努力，再加上偶然的運氣。

有人認爲印度的體育落後是因爲貧窮，但是有許多比印度貧窮的國家，例如肯亞及牙買加，卻是奧運田徑場上的常勝軍。其實印度的體育落後，不在於體育文化，而在「種姓制度」。在傳統種姓制度觀念裡，印度人一向只重視精神修行，鄙視體力活動，他們以食素、禁欲、苦行爲榮，以食肉、休閒、體力勞動爲恥，這造成在印度只要在校成績好，就會被當成如國王般擁戴，而如果體育相當在行，會被視爲沒有前途的人。

「種姓制度」是普偏存在於南亞大陸的一種特殊社會體系，在西元前六百年隨著亞利安人傳入印度大陸。原本種姓制度的目的，是要確保亞利安人的工作權及執政基礎，但是在蒙兀兒及英屬東印度公司占領南亞大陸之後，爲了便於殖民當局統治，種姓制度轉爲一種僵化固定、階級嚴明的社會體系。一九四七年，印度脫離英國殖民統治獨立，正式廢除種姓制度的法律地位，但是在廣大農村及偏遠地區，歧視及違反人權的種姓制度仍然是社會體系運作的主要基礎，也是人與人之間往來的重要準則。

種姓制度將人畫分成婆羅門、剎帝利、吠舍、首陀羅等四大階級，其中婆羅門是祭司出身，享有許多特權，例如不可處罰、不用交稅、不可殺害、可領回部分充公遺失物等，是人的最高等階級。剎帝利是次等階級，由戰士和統治者所組成，除了宗教權力之外，也掌握了實際的政治與軍事權力，並負有保護婆羅門的責任。吠舍由廣大的農人或牧人所組成，任務是負責生產食物及提供各種祭品，是隸屬第三等的人。首陀羅是最低等的人，是沒有人身自由的奴僕，負責提供婆羅門、剎帝利、吠舍各項服務。

而種姓制度最爲外界所詬病的，是這種階級制度爲與生俱有的、世襲的、世代相傳的，這讓窮人無法憑藉自身努力翻身。另外，也有許多人不被歸類在這四大階級當中，他們被稱爲「賤民」，是由罪犯、戰俘或是跨種姓婚姻者及其後裔組成，他們的身分世代相傳，不能受教育、不可穿鞋，也沒有任何社會地位，只被允許從事非常卑賤的工作，如清潔穢物或喪葬等行業，因此種姓制度被認爲是一種反現代化的落後制度。

　　目前，印度國內約還有一．六七億賤民，約占總人口一五％，在印度鄉間，賤民普遍被視爲不可接觸的人，在印度人的觀念中不但嚴禁觸碰到賤民的身體，連賤民走過的足跡都要清理撫平，甚至連影子都不可以交疊，以免玷汙他人。由於賤民毫無社會地位，因此至今在印度鄉間，仍然經常發生賤民因爲不慎碰觸到其他四個階級的人而被毆打甚至殺害的事件，且從種姓制度的角度來看，這些動手的人不必

印度的種姓制度。在種性制度下階級體系分明，由上至下分別為婆羅門與剎帝利，吠舍與首陀羅，賤民。

負任何法律責任。

種姓制度影響，階級衝突不斷

在這種根深柢固的種姓制度之下，讓印度階級衝突層出不窮。例如二〇一六年四月，印度北方省分有一對賤民夫妻，想買三包餅乾給小孩吃，但因沒錢所以賒欠雜貨店老闆十五盧比（約新台幣七元），結果在工作途中被雜貨店老闆攔下，要求支付賒欠的帳款，這對夫妻央求老闆等晚上領到薪水後就會還錢，結果兩人遭店長以斧頭活活砍死。這件事引發當地賤民的群起抗議，並與印度警方爆發大規模衝突。

也曾有一名印度男子因與一名種姓較高的女子交往、結婚，最後卻意外釀成悲劇。在他帶妻子出門買東西時，遭岳父家的人唆使三名惡煞將他活活砍死，妻子也遭連累身中數刀。

另外有名來自印度坦米爾納德邦的二十二歲男子尚卡爾，在求學期間認識一個十九歲女孩卡蘇利亞，兩人互相產生好感，但由於尙卡爾是賤民出身，因此遭到女方父母強烈反對，於是兩人便決定放棄學業，一起私奔，並在外地公證結婚。但兩人結婚之後，男方家人卻不停收到女方親友寄來的滅門恐嚇信函，果然有一天兩人外出購物時，便在公車站被三名手持鐮刀的歹徒刺殺，尙卡爾被砍數刀當場傷重死亡，而卡蘇利亞爲保護丈夫也身受重傷。這三名歹徒據信是由女方父母所指使，但最後此案卻在有力人士的掩護下不了了之。

種姓制度所造成的階級衝突，在現代化印度日益擴大，連印度的「憲法之父」都無法倖免。安貝卡是印度憲法的起草者，也是賤民階級的楷模和精神領袖。出身賤民階級的他，深知種姓制度的不平等是印度社會進步的最大阻礙，因此他在一九四七年印度獨立之時，便刻意將限制種姓制度的文字寫進印度的憲法法典當中，希望印度能夠早日擺脫種姓制度的泥沼，走向現代化的民主社會。

但是在七十年後，這位左右印度戰後政治發展的關鍵人物在過世多年後卻不得安寧。在經濟發展之後的印度，根深柢固的種姓制度與婆羅門信仰，和人人平等精神勢同水火，對賤民階級的蔑視和虐待也從不曾停歇，這些自以爲高貴的亞利安人更視安貝卡如仇，他們把拖鞋串成連環丟在他的銅像上，甚至把安貝卡銅像的頭砍下，極盡汙辱之事，印度政府迫於無奈，只能將安貝卡的銅像用鐵欄杆圍起來，以阻止抗議者破壞銅像。而被囚禁的安貝卡，就猶如現今印度，被圍困在落後的經濟發展當中。

阻礙印度邁向現代化的不只種姓制度，還有印度民主化下的無效率現象。過去政治經濟學者最常爭辯的是，一個國家在發展過程當中，到底要先實施政治民主化，還是要先進行經濟自由化？他們以亞洲四小龍爲例，認爲台灣、韓國、新加坡及香港，就是在威權體制下發展經濟，結果造就八〇年代的東亞經濟奇蹟。而他們也時常以印度爲反證，印度是亞洲老牌民主國家，也是全世界最大的民主政體，但卻苦於民主政治的無效率、牛步化，讓印度經濟在亞洲各國當中敬陪末座。因此國內曾有報紙社論呼籲台灣莫陷入「印度化」困境。

吃飯皇帝大，便當快遞不「印度化」

何謂「印度化」?簡單來說，就是立法的遲緩化、決策的本位化以及建設的無效率化，這樣的無效率造成印度的法令常常跟不上時代腳步，政府決策往往無法配合主流民意，公共建設更是遠遠跟不上經濟的需求，這讓印度雖然貴爲「金磚四國」之一，但是經濟表現卻遠比不上其他國家。

而形成「印度化」現象的原因，主要來自於印度畸形的民主政治。印度雖是亞洲老牌民主國家，但是在議會民主制度下，立法權時常凌駕行政權，且在印度國會有多達五十餘個政黨，爲了要達成異質社會的最大公約數，時常造成立法的停擺，例如印度國會便曾經用了一年時間，討論公務人員是否有權用其他顏色的筆來批註公文。

其次印度政府體制是聯邦共和國，在中央政府擁有六十八個部會，在地方政府也有二十九邦、六個聯邦屬地，部會間不但欠缺橫向聯繫，地方政府的權力也相當大，這讓中央政府的一項政策不但要經過各部會批准，還要地方政府的認可，例如要在印度取得居留簽證，通常要經過外交部、內政部、新聞部及所在地政府等多個部會的審核，時間往往長達半年。

最後雖然印度擁有超過十三億人口，卻極度迷信合議式民主，往往一項政府的公共建設，不但要經過繁文縟節的行政程序（土地取得、環境評估及法規限制），而且只要有地方人士反對，建設便會隨之停擺，例如在一九七〇年印度政府提出一項跨越孟買港口，總長只有十四公里的海底隧道建設案，在地方政府反對下直到二〇一二年才通過環境評估。

而在印度經濟發展落後的現象下還有一項世界奇觀，那就是廁所的奇缺。根據總部設在英國倫敦的非營利組織「水援助」於二〇一五年十一月發表的一份報告，印度約有八億人生活在沒有廁所的家庭，如果他們同時排隊上廁所，將可從地球排到月球。另外根據聯合國統計，在十三億多人口的印度中，差不多每兩名印度人就有一名有隨地大小便的習慣，且之前在印度南部，更發生兩名婦女因爲到野外上廁所被歹徒強暴殺害的社會事件。廁所的問題，竟演變成印度的治安問題。

廁所奇缺問題之嚴重，連現任印度總理莫迪也著急起來。他在任內第一個國家獨立日的講話中便提到，他的政府團隊的首要重責，就是要在印度農村大興土木，廣建八十萬座廁所。但是，莫迪只想到如何讓印度現代化，卻忽視印度傳統的廁所文化，因爲在吠陀時代，印度人便習慣不會在居家附近大小便，他們會到遠處去挖一個小坑，把草和樹葉放在裡頭，這個習俗在印度的農村、貧民窟，和宗教場所特別常見，這讓印度的廁所雖然落成，卻是十室九空。

印度人的休閒活動不多，他們最喜歡的活動便是看電影，這讓印度的電影工業獨步全球，印度的寶萊塢每年生產四千部電影，是美國好萊塢的兩倍，而寶萊塢的電影劇情更是彷彿有類似模式，通常是窮小子愛上富家女，自然遭到來自女方父母的強烈反對，且電影中的情侶常會在大雨中的草原上奔跑，緊接著兩人要接吻時突然轉身開始跳舞。不過印度電影工業在歌舞的華麗展現登峰造極，甚至設有專門獎項鼓勵，也足以看出平民極需另一種生活的慰藉。

《美味情書》卻是印度千篇一律電影中的例外，劇情描述一位印度少婦伊拉，每天都會爲丈夫精心製作午餐飯盒，再透過印度四通八達的便當快遞系統送到先生手上。但百密總有一疏，有一天伊拉的便當卻被誤送到性格孤僻的鰥夫公務員佛南德斯桌上，伊拉發現自己做的飯盒被別人吃光了，便開始跟素昧平生的佛南德斯透過便當，以傳紙條形式展開對話。透過與伊拉的對話，佛南德斯慢慢再次與他人建立關係。

從這部電影，我們看到印度「便當快遞」的傳奇，那是一種在印度發展數百年的特殊行業，每天都有上千萬個便當透過人力傳遞，竟然能夠無誤地送到每一個人手上，令人讚嘆印度那種不靠現代化自動機器，但卻自我形成的一種文化體系。

其次，我們也看到印度女權的現況，在印度常常發生男方因爲嫁妝太少而對女性施暴的現象，而在電影中，當伊拉發現先生外遇，雖然勇敢選擇和佛南德斯碰面，但在佛南德斯未現身的時候，她最終還是回到先生

美味情書
上映年分：2014（台灣）
發行：佳映娛樂

身邊，那似乎只是一種心靈上的出軌，也是印度長期男女不平等下的寫照。幸好，開放性的結局，讓人懷有一絲苦中的甜蜜。

印度是文明古國，也是現代民主的樣板，但當今印度卻受制於傳統的種姓制度，以及苦於民主化的無效率，讓印度無法邁向現代化。

08 女性政治參與：梅克爾與朴槿惠

若有錯誤，願我們帶來真理；若有絕望，願我們帶來希望。

——英國前首相柴契爾夫人

二〇一六年，蔡英文成爲台灣三百年來第一位女總統，同時也是亞洲第四位女性領袖，全球第十九位女領導人。女總統在台灣是首見，但在國際上並不罕見。全球第一位女性領導人是冰島的芬博阿多蒂爾，她於一九八〇年當選冰島總統，在位長達十六年，直到一九九六年才卸任。在這過程中她曾經連任三次，竟然每次都創下無競爭對手而自動當選的紀錄。

若以地理位置分布來看，目前以歐洲最多，有六位女性領導人；非洲（含印度洋）次之，也有五位；拉丁美洲及亞洲則各有三位，最特別的是連尼泊爾及孟加拉等男權至上的國家近期都首次出現女總統，其中最有名的當是德國總理梅克爾，以及韓國總統朴槿惠。

梅克爾總是一身樸實裝扮，永遠是襯衫、褲裝加上麵包鞋，就如同鄰家大嬸，在衆人當中她總是沉默寡言，永遠是最不受人矚目的那一個，但她卻多次在緊要關頭讓德國勇敢承擔起國際責任。在希臘爆發經濟危機時，她獨排衆議，決定經濟援助希臘，讓希臘免於破產命運，也避免歐盟陷入分裂的危機；在歐盟湧入大批難民潮時，她不顧國內反對，秉持人道主義精神，主張有多少難民德國就收多少，這讓德國一躍成爲歐盟的領導國，也讓英美等國的口是心非現出原形。

梅克爾出身東德境內的漢堡，是德國有史以來首任女性總理，也是兩德統一後首位來自東德的總理。梅克爾是物理學家出身，這養成她凡事只看事實，不受外界言論干擾，了解正反兩面意見再下決定的習慣。在兩德分裂的歷史悲劇下，梅克爾在三十五歲前是東德人，在東德警察國家的嚴密監控下養成她善於掩飾自己及控制情緒的能力，從不表現自己的喜怒哀樂。她個人厭惡善辯、滔滔不絕的人，極爲欣賞緘默、冷靜不多言的人。因此當梅克爾成爲德國總理之後，外國媒體從來無法從總理府當中獲得任何小道消息。

一九八九年柏林圍牆倒塌之後，梅克爾開始投身民主運動。在梅克爾的從政生涯，她幸運地遇到兩個貴人，第一位

德國總理梅克爾，她的招牌手勢也被稱為「梅克爾菱形」。

是東德首任民選總理德梅齊埃，他將當時只是在「民主覺醒運動」下從事社會運動的梅克爾拔擢爲新政府的副發言人，讓她開始在新舊交替的德國政壇當中開始展露頭角，梅克爾也在此時加入右翼保守的基督教民主黨。

另一個是德國統一推手，也是兩德統一後首任德國總理柯爾，他欣賞梅克爾的女性特質及處理問題的政治手腕，當時爲尋求內閣人事的兩德平衡，柯爾聘任梅克爾爲德國統一後，首任來自東德的婦女青年部長，之後還提拔她任環境及核能安全部長，柯爾還暱稱梅克爾爲「小姑娘」，由此可見兩人的好交情。而德國人一向重視環保，出身物理學家的梅克爾在環境和核能安全部長任內極力推動廢核政策，並在媒體上與擁核人士相互激戰，讓她一舉成爲全國知名的政治人物。

一九九八年大選，基民黨遭逢前所未有的挫敗，由左翼的社民黨執政，柯爾宣布辭職下台，當時是基民黨祕書長的梅克爾起而宣布角逐黨主席，並擊敗當時的主席蕭伯樂。在競選最後關頭，梅克爾發表公開聲明，與提拔她的柯爾畫清界線，由此可見梅克爾爲贏而不擇手段的務實主義。當選基民黨主席後的梅克爾，在二〇〇五年首度國會大選中便讓基民黨起死回生，在席次上與社民黨平分秋色，於是梅克爾便與當時的社民黨談判共組內閣，並在「左右共治」下被推舉為德國總理。

梅克爾當選總理初期，由於有社民黨的箝制，當時外界並不看好，黨內許多人更是等著看好戲。但梅克爾卻能夠扭轉劣勢、絕地逢生，她初期將施政重心放在經濟政策上，推出「新社會市場經濟」，大幅提升青年就業率，並提高失業補助以穩定國內經濟。另外，她也多次訪問中國，利用崛起的中國內需市場來替德國企業找出路，讓德國成為中國在歐盟的最大貿易國。在經濟成長的加持下，梅克爾所帶領的基民黨終於在二〇〇九年大選中取得壓倒性勝利，並擺脫「左右共治」局面，順利連任總理的梅克爾終於可以做自己了。

女性政治家的柔軟與堅毅

連任的梅克爾不但懂得掌握國內民意，來完成她非核家園理想，例如二〇一一年三月日本發生福島大地震，並引發核能電廠輻射外洩事件，此事震撼國際，也開始引發核能電廠安全的關注，德國國內反核人士也發動二十萬人大遊行，要求政府改變核能發電的政策，爲了順應民意潮流，梅克爾隨即在同年五月宣布立刻關閉德國境內八座核電廠，並將德國「非核家園」的時間表從原訂的二〇三六年，提前到二〇二二年，讓德國成爲全球第一個實現「零核電」的國家。

其次，梅克爾也善於利用國際局勢，讓德國的國際地位大幅提升。二〇一五年九月，成千上萬敘利亞難民湧入歐洲，許多歐盟國家紛紛關閉邊境，以阻擋難民的進入。當庫德族兒童艾倫陳屍沙灘的照片出現之後，國際輿論紛紛撻伐歐盟國家不顧人道精神。就在此時，梅克爾卻登高一呼表示德國願意無條件收容敘利亞難民，並宣布「有多少，德國就收多少」，這讓德國在三個月之內擁入一百二十萬難民，也讓英法等國家也不得不收容難民，歐盟也召開執委會來討論難民的配額，而梅克爾此舉不但贏得「棄兒之母」的美名，也讓德國成爲歐盟的領導國家。由此可見梅克爾柔軟的身段及善度時勢。

再將視角回到亞洲，來看另一位女姓領導人——韓國總統朴槿惠。朴槿惠是韓國軍事強人朴正熙的女兒，也許大家都認爲身爲總統之女的她應該是銜著金湯匙出身，過著養尊處優的生活吧！但是，朴槿惠的一生卻是極坎坷，這養成她冷酷、不輕易相信人的個性，因此有「冰公主」稱號。

朴槿惠在十四歲的時候，母親陸英修在一個演講場合中被北韓特務暗殺身亡，從此之後她開始肩負起第一夫人角色，五年後她的父親朴正熙也被當時的中央情報部長金載圭刺殺身亡，朴正熙過世之後韓國開始進入政治民主化時期，過去被譽爲「漢江奇蹟」推手

韓國總統朴槿惠，韓國史上首位女總統。

的朴正熙，在民主化之後成爲鎮壓民主、威權統治的象徵，朴槿惠成爲新政府清算的對象，並被限制人身自由。而過去許多巴結朴正熙的老部屬，也不敢與朴槿惠往來。嘗盡人間冷暖的朴槿惠，只能把自己隱藏在慶熙南道的老家。

直到十八年之後，當一九九七年爆發亞洲金融風暴，身處東北亞的韓國也遭到波及，當時金泳三總統向國際貨幣基金會（IMF）要求援助，國家正處於風雨飄搖之中，許多韓國人也紛紛發動「捐美元、救國家」的運動，而深富愛國心的朴槿惠在此時毅然選擇重出江湖、投入政界，以參選國會議員的行動來挽救自己的國家。此後，朴槿惠多次連任國會議員，甚至參選總統都再也沒有失敗過，因此便有「不敗公主」稱號。

二〇〇四年，朴槿惠的大國黨在當年大選當中遭逢前所未有的挫敗，不但失去總統寶座，也在國會失去多數黨地位。此時的朴槿惠也毅然擔負起黨主席的角色，重新改造老舊的大國黨。首先她將大國黨的總部，從華麗的大廈搬到對面的空地，以搭帳篷的方式辦公，意味著大國黨的重生，從這可以看出朴槿惠過人的毅力，也讓大國黨重新贏得韓國選民的信任。她並在二〇〇七年把李明博推向總統寶座，而朴槿惠自己也在二〇一二年成爲韓國首位女總統。

朴槿惠上台之初曾提出「幸福經濟學」的政策主張，矢言要扶植中小企業以改變韓國大財閥獨霸的經濟結構，同時也要消除簽署自由貿易協定後國內日益擴大的貧富差距。推動構造改革，讓韓國經濟重新再起，似乎是她的首要目標。

但也許是過去長期在政治陰影下長大，也許是革新派執政時期對朴正熙政績的全然抹煞，朴槿惠上台之後似乎把經濟改革的承諾拋諸腦後。

鐵娘子們：有剽悍，也有一意孤行

過去四年，朴槿惠把大部分心力專注於推動她眼中的「歷史正義」，積極爲父親朴正熙進行歷史平反。因此她反行民主之道，以導正「偏頗」的歷史知識，建立國民正確的歷史觀爲理由，將過去由各家民間出版社所編寫的中學歷史教科書收歸由政府統一編撰，將過往百花爭鳴的多元歷史觀，轉化爲索然無味的一言堂。

而在國編的歷史教科書當中，淡化朴正熙在威權時期對民主勢力的壓制，也美化朴正熙在日本殖民統治時期「親日派」的形象，更簡化朴正熙軍事獨裁對民主人士的迫害。朴槿惠此舉引起韓國在野黨強力反彈，也引發國內民意一片撻伐，有上千名歷史學者表態反對，更有上千名高中生走上街頭示威抗議，但朴槿惠仍然一意孤行，完成她的政治使命。

韓國的歷史，還不知是否符合正義，然而「幸福經濟學」卻早已成爲昨日黃花。朴槿惠雖然圓夢，卻也賠上韓國的經濟發展。歷史教科書爭議之後，在意識型態氛圍的瀰漫下，韓國的朝野對立日益嚴重，保守與進步路線的分歧也更加擴大。在野黨的焦土政策，讓她的政策令不出國會，這讓她所要推動的經濟政策幾乎寸步難行。這是韓國近年來經濟逐漸崩壞，出口貿易節節敗退的主要原因。

一意孤行，也許在執政前是朴槿惠贏得選民支持的法寶，但執政後卻反而成爲她最大的絆腳石。

德國梅克爾及韓國朴槿惠，我們看到雖然同是女領導人，但是在個性使然下出現截然不同的命運。

在電影作品中談論女性領導人大家最耳熟能詳的，當是二〇一一年上映的《鐵娘子：堅固柔情》，該片是敘述英國史上第一位女首相，有「鐵娘子」之稱的柴契爾夫人傳記電影。

這部片由英國女導演菲莉妲．洛伊德執導，美國著名演員梅莉．史翠普主演，她還因本片獲得第二座奧斯卡最佳女主角獎。透過史翠普精湛演技，爲觀衆呈現柴契爾夫人由雜貨店少女到成爲首相的經歷過程，以及其參與過的重要歷史事件，並刻畫出柴契爾夫人的性格與個人魅力，及其一段成就不凡的傳奇，也交織出英國近代最動盪的歷史。

柴契爾夫人曾說：「若有錯誤，願我們帶來眞理；若有絕望，願我們帶來希望。」在這部片當中，我們看到柴契爾夫人擁有領導人的堅定，以及女性特有的柔情，對於她所發動的福克蘭戰爭中產生大量死傷的英國官兵，她也親自寫信給他們的家人，表達她個人的遺憾與不捨。

她不討好選民，堅持己見，認爲一項好的政策，短時間內可能遭致選民怨恨，但是世世代代之後的人會感謝，如鐵一般的堅強。

09 扭轉命運的樂章：南蘇丹獨立進行曲

早晨起床心裡這樣想著：我在這裡，這個我應該在的地方。

——《遠離非洲》

二〇一一年七月九日是一個特別的日子。在歷經五十年的爭取，超過兩百萬人喪生的戰亂，再加上好萊塢巨星喬治．克隆尼的奔走下，東非最大的國家蘇丹終於一分爲二，全世界最新的國家——南蘇丹於焉誕生，成爲聯合國第一百九十三個會員國。在首都朱巴的街道上，車子的喇叭聲此起彼落，大批民眾歡喜揮舞著黑紅藍三色旗，在街上徹夜唱歌跳舞，此時的朱巴彷彿就像個不夜城。就如同南蘇丹的國歌所述：「上天，我們讚揚榮耀祢，因爲祢保佑著南蘇丹。」

但五年後，同樣在七月九日的開國紀念日，也同樣在首都朱巴，當南蘇丹總統基爾及副總統馬查爾準備在總統府前舉行國慶演講時，效忠馬查爾的武裝衛兵突然向總統基爾開火，在雙方安全衛隊的交火下，引爆嚴重的武裝衝突，光在總統府內便有超過一百人喪生，南蘇丹政府不得不宣布全國進入緊急狀態。然而這卻只

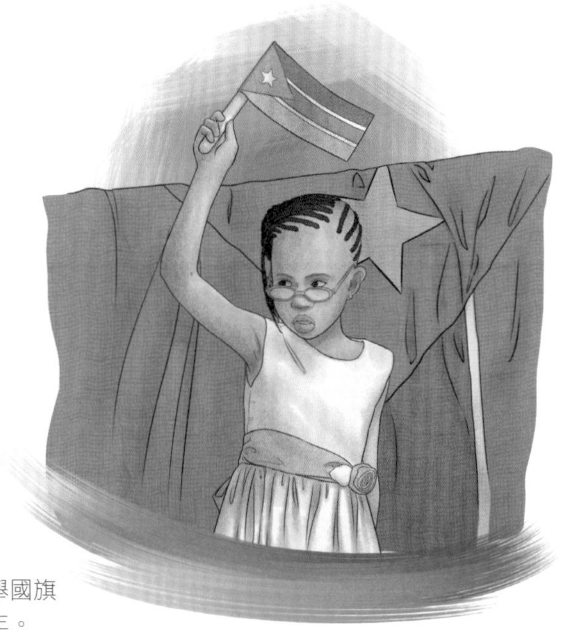

南蘇丹兒童手舉國旗
慶祝獨立一周年。

是冰山一角，在獨立後的這五年期間，由於總統與副總統之間的政治恩怨所引發的大規模種族屠殺，早已造成約三十萬人喪生、約一百八十六萬人流離失所。上天似乎並沒有保佑著南蘇丹。

其實蘇丹在獨立之初就不是一個統一的國家，在帝國主義勢力畫分下，將穆斯林及基督教徒，阿拉伯人及努比亞人，強行融合在一起，這讓蘇丹表面雖然獨立建國，但內部卻早已貌合神離。

蘇丹古稱努比亞，過去長期被埃及王國統治，西元前八百年蘇丹人趕走了埃及人建立庫斯王國，強大的庫斯王國還曾經一度北侵征服埃及，而在此時基督教正式從埃及南傳到蘇丹，並成爲庫斯王朝國教。西元六五一年，阿拉伯人征服埃及之後以武力入侵蘇丹，大量阿拉伯移民也隨著進入蘇丹，阿拉伯人帶來穆斯林信仰，並向當地土著黑人施壓轉信奉伊斯蘭教，形成北伊斯蘭、南基督教的特殊景象。

十九世紀，在西方列強的入侵下，蘇丹成爲大英帝國殖民地，隸屬埃及總督下的蘇丹赤道省。此時，蘇丹的宗教領袖雖然多次發起聖戰，反抗英國殖民政府，但卻不幸被殲滅。一八九九年埃及獨立後，由英埃兩國共同治理蘇丹，總督由英國政府指派，但實際行政權操之在埃及手上。二次大戰後，由一群蘇丹工人成立「民族黨」，開始積極爭取獨立建國，在工會發動多次示威及罷工下，埃及首先於一九五一年宣布退出《英埃共管蘇丹協定》，蘇丹開始擴大要求英國撤軍，並成立蘇丹民族政府，這讓英國不得不在一九五六年讓蘇丹獨立建國。

然而就在獨立前夕，蘇丹內部卻爆發一場南北戰爭，史稱「第一次蘇丹戰爭」，原因在於爭取蘇丹獨立的「民族黨」，主要成員大多來自北部的穆斯林，之後雖然將黨名改為「民族聯盟黨」，但其所頒布的新憲法仍以大穆斯林體制為主，忽視南方基督教徒的權益。其次，蘇丹獨立後舉行的首次國會大選，北部的穆斯林在人口的絕對優勢下，獲得將近四分之三席次，再加上獨立後的首任總理伊斯梅爾·愛資哈里為阿拉伯裔穆斯林，他在內閣中大量安插自己的穆斯林親信，這讓南方的基督教徒群起反抗。

那為什麼在英國殖民時期，南蘇丹人沒有爭取獨立呢？主要在於英國殖民政府在統治蘇丹時，是採取南北分離的策略，由北方穆斯林統治北蘇丹，南方基督徒治理南蘇丹，這讓南北蘇丹得以和平共處。而獨立之初，英國政府原本的規畫是希望成立南北蘇丹兩個國家，但在北蘇丹的壓力下，強行將南蘇丹畫入由北蘇丹統治，而北蘇丹在與英國進行獨立談判時卻排除南蘇丹代表，建國後所公布的八百位主要官員南蘇丹也只占六位，這當然引發南蘇丹的強烈不滿。

「第一次蘇丹戰爭」總計打了十七年之久（一九五五至一九七二），蘇丹政府在英國及埃及等外國勢力的支持下大舉進兵南蘇丹，並以滅村的方式來屠殺無辜平民，總共造成約五十萬南蘇丹人喪生，數百萬人無家可歸。一九七二年，在聯合國的協調下南北雙方在衣索比亞首都簽署《阿迪斯阿貝巴協定》，這項協定允許南蘇丹成立自治區，但是在這場戰爭的肆虐下，南蘇丹卻早不以此為滿足，轉而爭取脫離蘇丹獨立建國。

獨立後的南蘇丹：丁卡族與努爾族的鬥爭

依照《阿迪斯阿貝巴協定》，南蘇丹擁有經濟自主權，境內所有貿易所得皆由南蘇丹自治政府所有，但是在此項協定簽署不久後，西方石油公司卻在南蘇丹境內發現大量石油，豐厚的石油收益讓南蘇丹成為蘇丹境內最富有的地區。反觀北蘇丹卻是地脊貧困，充斥大片沙漠，這讓蘇丹政府為了要控制南方的石油收益，轉而在一九八三年單方面宣布廢除協定，取消南方自治，南蘇丹石油收益權歸中央政府所有，並在全國境內實施伊斯蘭教法，此舉也引發「第二次蘇丹戰爭」。

這場第二次蘇丹內戰，是由有「南蘇丹國父」之稱的約翰．加朗上校所發動。一九七二年《阿迪斯阿貝巴協定》簽署後，許多南方黑人加入蘇丹政府軍，而加朗也在此時返國從軍，並官拜蘇丹參謀學院院長。但十一年之後，蘇丹政府片面廢除該項協定，讓加朗心生不滿，一九八三年他藉著返回南蘇丹勸降五百名南蘇丹反抗軍之理由，密謀策反在蘇丹政府服役的三千位南蘇丹官兵，成立蘇丹人民解放軍，並在衣索比亞境內建立反政府大本營。

蘇丹人民解放軍在利比亞、烏干達及衣索比亞等國的支持下，很快就控制南蘇丹大部分區域，而蘇丹政府也不甘示弱在西方國家支持下，大舉轟炸南蘇丹地區。這場歷時二十二年的內戰，共造成近兩百萬名南蘇丹人喪生，五百多萬人無家可歸，是二次大戰後最大規模、最持久的一場戰爭。直到二〇〇五年雙方才簽署《奈洛比和平協定》，允許南蘇丹自治六年，並在二〇一一年舉行公民投票，決定是否脫離蘇丹獨立。

二〇一一年一月九日，在聯合國維和部隊的監督下南蘇丹舉行首次公民投票，南蘇丹總人口約一千一百萬，其中有投票權的三八五·二萬張選票中，有效票約三八三·七四萬張，其中約三七九·二五萬張選票支持獨立，高達九成民衆贊同脫離蘇丹。在歷經長達七十年的奮戰後，南蘇丹終於正式獨立建國，但多災多難的南蘇丹卻旋即陷入另一場內戰，只是過去打的是獨立戰爭，現在則是種族之間的鬥爭。和平之路對於南蘇丹人來說似乎還相當遙遠。

首先是南蘇丹的種族問題。南蘇丹人口雖然只有一千多萬，全境大多是基督徒，但卻有丁卡族及努爾族兩大種族，丁卡族主要分布在西部的白尼羅河流域，人口超過五百萬人，是南蘇丹的第一大種族。努爾族則散布在東北的上尼羅河地區，人口約三百萬人，在過去兩次蘇丹內戰中，丁卡及努爾都是蘇丹政府軍屠殺的對象，但獨立後這兩大種族卻爲了爭奪政治權力吵鬧不休。

南蘇丹建國之父加朗，在二〇〇五年《奈洛比和平協定》簽署之後，便被蘇丹政府延攬擔任副總統一職，但不到兩個月他卻和甘比亞總統在一場空難中喪生，外界雖然認爲那是由蘇丹政府背後策畫的暗殺行動，但最後卻不了了之。加朗過世之後，由出身丁卡族的軍事領袖基爾接任副總統，之後他也順勢成爲南蘇丹建國後首任總統。

南蘇丹在二〇一一年成功獨立建國後，在種族平衡的考量下，由丁卡族的基爾擔任總統，努爾族的馬查爾擔任副總統，他們兩人過去都是領導南

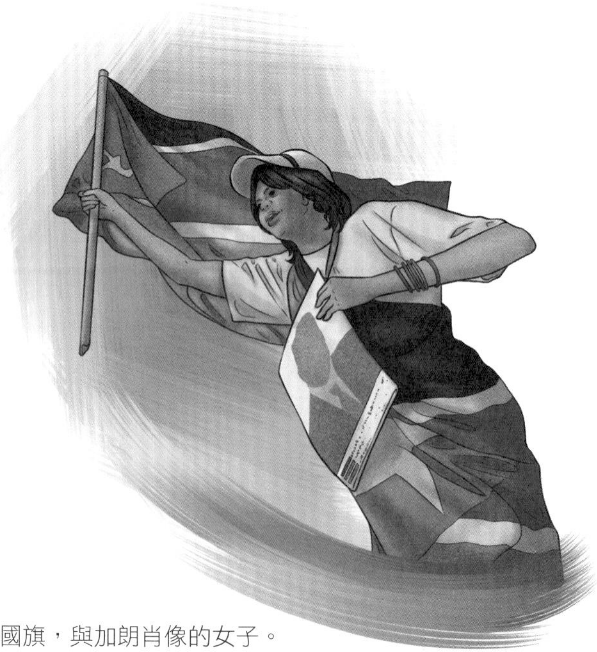

手持南蘇丹國旗，與加朗肖像的女子。

蘇丹走向獨立的重要功臣，但卻都各自擁有軍隊，彼此誰也不服誰，特別是基爾擔任總統之後不但獨攬大權，內閣閣員也盡是安插親信，馬查爾彷彿只是個陪襯的花瓶，這讓馬查爾心生不滿，兩人之間的衝突終於在獨立兩年後正式引爆。

扭轉命運的樂章：南蘇丹真能扭轉命運？

二〇一三年，基爾欲成立一支個人的軍隊——南蘇丹保安衛隊，並積極收編分散各地的游擊隊，這項決定引發馬查爾高度不滿，他公開指控總統基爾獨裁，想獨攬軍事大權，並開始在白尼羅河地區集結兵力。而基爾則認爲馬查爾心懷不軌，意圖發動政變，於是便進而宣布罷黜馬查爾。馬查爾隨後便出兵攻打首都朱巴，旋即引爆南蘇丹內戰。

二〇一四年，在東非「跨政府發展組織」（IGAD）斡旋下，基爾與馬查爾達成停火協議，但對於權力要如何分配，兩人仍然僵持不下，導致協議破局，雙方又再次重燃戰火。二〇一五年，基爾與馬查爾再度簽署停火協議，並同意讓馬查爾回鍋擔任副總統，但基爾暗中幫助丁卡族擴張勢力，壓制其他部族，因此南蘇丹的和平僅是表象，仍因基爾與馬查爾兩人的政治暗鬥而動盪不安。

獨立之後的南蘇丹不但戰亂仍頻，也擺脫不了蘇丹的控制。南蘇丹擁有豐富石油資源，是撒哈拉沙漠以南非洲國家中第三大石油蘊藏國，這是過去蘇丹遲遲不願讓南蘇丹獨立的主因。但南蘇丹在建國之後，卻因為國土不臨海，所有石油都必須經由蘇丹才能運出，而蘇丹動輒以封鎖石油管線來抵制南蘇丹的石油出口，這使南蘇丹蒙受重大經濟損失，於是兩國便於二〇一四年達成協議，決定平分石油收益。

在種族鬥爭的戰火下，南蘇丹想要擺脫蘇丹控制，似乎還有一段很長的路。

在電影作品中，敘述南蘇丹的悲情最有名的當是《扭轉命運的樂章》一片。這部片根據真實故事所改編，內容敘述四名年輕的南蘇丹難民，在聯合國人道組織協助下離開戰爭之地移居美國，但是到美國後這些男孩卻受到重大文化衝擊，他們在原有本性的善良純真，及西方資本主義弱肉強食的環境下陷入兩難抉擇。他們雖然生活在衣食無虞的富足社會中，卻一直懷著重大的罪惡感，因為他們一直掛念著留在家鄉的兄弟們，但無法為他們做任何事。

這部電影的故事背景是來自二〇〇〇年初的美國對蘇丹人道救援行動，當時南蘇丹因爲連年內戰烽火，導致至少十萬孩童流離失所，美國政府因此和蘇丹政府合作，協助數以千計的孩童移居美國，以遠離家鄉的戰亂，重新展開求學、工作等新生活。而這些蘇丹難民，當時被國際媒體稱爲「蘇丹的迷失男孩」。這部電影如實呈現蘇丹內戰的衝突和心酸，尤其在影片一開頭，蘇丹叛軍濫殺平民，殃及無辜孩童的場面，更是令人怵目驚心。

猶記得《遠離非洲》原著小說中有句經典台詞：「早晨起床後，我心裡這樣想著：我在這裡，這個我應該在的地方。」南蘇丹人不畏艱難、勇於爭取獨立，回到他們應該所在的地方，但是這個所在的地方，卻是一個充滿種族矛盾、政治私利的所在，讓南蘇丹人一再陷入沒有終點的戰亂輪迴。

10 委內瑞拉，向左轉！

我們不屬於一個民主國家，因為民主一詞被人濫用了。它的含義，其實並不被人所理解。

——智利詩人聶魯達

不久前，有南美洲最大石油輸出國之稱的委內瑞拉，在石油價格急遽滑落的情況下，突然爆發嚴重的經濟風暴，糧食、藥物及日常用品嚴重短缺，所有超市外面都排著長長人龍，但是裡頭的物品卻早被搶購一空，而有超過一成的委內瑞拉人無法維持三餐溫飽，只好在街上捕捉野貓、野狗及鴿子來充饑，昔日的南美洲樂土似乎成爲人間煉獄。

此外，委內瑞拉的貨幣波利瓦爾，也在一個月內大幅貶值九七%，在首都卡拉卡斯街上，到處可以看到被丟棄的委幣，丟在地上都沒有人撿，還有人把它當成衛生紙。許多咖啡廳也把面值兩元的委幣當成餐巾紙，出現貨幣竟然不如餐巾紙值錢的奇特現象，因爲一張餐巾紙要價五元。而委內瑞拉的經濟危機，連遠在亞洲的台灣都受到影響，我國電子大廠精英電腦因爲委內瑞拉政府拖欠貨款而認列二十九億元的

委內瑞拉前總統查維茲，
近代最具爭議性人物之一。

呆帳。一個沒有查維茲的委內瑞拉，竟然淪落至此。

當了十四年委內瑞拉總統的查維茲，執政時期正好遇到國際能源價格高漲，讓他能夠以石油外交讓委內瑞拉國力達到頂峰。

查維茲是委內瑞拉的政治強人，也是拉丁美洲的革命領導人，同時也是反美急先鋒，一九九九年當選委內瑞拉總統之後，拉丁美洲十國在他的號召下集體向左轉，並興起一波反美浪潮，而在委內瑞拉豐富石油收入的挹注下，查維茲資助了拉丁美洲左派政府發動革命，從哥倫比亞、玻利維亞、巴西到阿根廷，委內瑞拉儼然成爲拉丁美洲的領導國，那是查維茲的璀璨時代，也是委內瑞拉最風光的年代。

查維茲，拉丁美洲反美旗手

查維茲不單是拉丁美洲左翼的領導人，他在國內也擁有極高人氣，他上台之後把委內瑞拉石油公司收歸國有，將豐厚的石油獲利與人民共享，大幅改善窮人的生活，更以中央集權方式實施貨物進口配額管制，讓每位窮人都買得起東西。然而，這樣的經濟政策卻必須以高價的石油出口做為支撐，一旦石油價格崩跌，將會成爲一場經濟災難，這便是當今委內瑞拉的寫照。

查維茲也是一個民粹主義的鼓吹者，他猶如一個過動兒，隨時可以在台上與民衆共舞，也隨時可以擁抱民衆放聲哭泣。他的演講具有高度煽動力，他罵美國前總統小布希愚蠢，批評歐巴馬是個小丑，讓台下民衆如癡如醉。他所領導的社會主義統一黨以紅色爲標誌，他個人也愛穿紅色衣服，這讓他所到之處總能引發大規模紅潮，查維茲似乎是委內瑞拉人民心中永遠的英雄。

查維茲出身委內瑞拉西部巴里納斯州的一個貧困農家，他在委內瑞拉軍事學院就讀期間，深深著迷於十九世紀委內瑞拉革命家西門．玻利瓦爾的功勳，於是提出「玻利瓦爾主義」左派民族主義思想，軍校畢業後便仿效玻利瓦爾成立「玻利瓦爾革命運動二〇〇」，走上革命之路。

一九九二年佩雷斯總統執政時期，貪汙腐敗盛行，經濟委靡不振，民不聊生，這提供查維茲發動軍事政變的溫床，但首次政變卻因爲部屬洩密變節而宣告失敗，只好向政府軍投降自首。不過當他被逮捕時，在電視鏡頭前向全國人民宣稱「革命只是暫時的失敗」，此後查維茲便成為委內瑞拉家喻戶曉的人物。出獄之後，查維茲靠著粗俗的語言及生動的比喻，吸引大批工人及農民等中下階層的支持，終於贏得一九九八年的總統大選。

查維茲上台後最為人所稱道的，便是他的走動式管理。他從不喜歡待在偌大的總統府，常常深入窮鄉僻壤了解民間疾苦，他每週還親自主持一個叫《您好，總統》的節目，該節目全程記錄查維茲總統到鄉間為人民解決各種疑難雜症，他身上只帶一只電話，以便一有問題可以隨時聯繫負責的官員。而這個節目最大的特色是全國聯播，還沒有時間限制，全靠查維茲解決問題的時間長短。

有一次《您好，總統》播出查維茲到委內瑞拉南部鄉間關心民瘼，查維茲在路上看到一個農民愁眉不展，原來是因為獨子離家多年音訊全無，查維茲立刻打電話給警政官員幫他尋人，結果花了十六個小時，終於在卡拉卡斯的一家洗衣店找到他的獨子，當時舉國為之歡騰，也為查維茲的無所不能瘋狂。

在這樣的高人氣帶動下，當查維茲兩任八年的總統任期屆滿之後，委內瑞拉人竟然還捨不得他下台，於是便發動全民公投試圖讓查維茲能夠無限期地擔任總統。

投票結果竟有高達百分之九十的選民支持這項決定。

當查維茲能夠無限期地擔任總統之後，身體卻開始出現異樣，更被驗出患有食道癌、骨盆癌等四種癌症。之後查維茲雖然多次到古巴接受最好的治療，但還是躲不過死神召喚。二〇一三年三月五日，委內瑞拉政治強人查維茲因爲罹患癌症不幸過世，得年五十八歲，當時委內瑞拉人舉國悲痛，數十萬人聚集在總統府前廣場爲他送別，連鄰國古巴都爲他降半旗、哀悼三天。

由於查維茲與古巴傳奇領導人卡斯楚情同父子，卡斯楚也把查維茲當成是反美革命路線的接班人，這讓美國亟欲對查維茲除之而後快，因此有人開始懷疑查維茲是被美國中央情報局人員下毒手。雖然此事遭到美國政府強烈否認，但是在查維茲的驗屍報導當中，卻發現殘留多項罕見的化學元素。

是誰在與民主為敵？

其實，自從「門羅主義」[1]之後，美國就把拉丁美洲視爲自家後院，只要中南美洲有任何國家出現左派反美政權，美國都會想盡辦法予以顛覆、根除，不論是利用軍事政變還是經濟收買。美國著名作家約翰．柏金斯的作品《經濟殺手的告白》中就曾經詳述美國如何以金錢收買當地政要，暗中進行顛覆活動。

而最有名的當屬一九七三年智利阿葉德政府被推翻事件。一九七〇年智利舉行總統大選，當時隸屬左派社會主義黨的阿葉德呼聲最高，阿葉德是馬克思主義的信奉者，同時也致力於社會主義改革，美國擔心阿葉德如果當選，智利將會效法古巴，加入以蘇聯為首的社會主義陣營，於是美國以資金暗中支持保守黨的亞歷山德里，但最後阿葉德還是高票當選。

阿葉德上台後，果然大力推動智利特色的社會主義改革，而且還積極改善與蘇聯及古巴之間的外交關係，這讓美國政府相當不滿，於是美國尼克森總統便提供大筆資金，支持右派的皮諾契特將軍，以經濟改革為名發動軍事政變，並於一九七三年推翻民選的阿葉德政府，並在總統府前槍殺阿葉德。從此之後，智利進入了軍人極權統治時代。

一九八九年美國出兵巴拿馬又是一例，巴拿馬是控制大西洋及太平洋的軍事要道，因此美國一直將巴拿馬運河視爲其政治勢力範圍，而一九八三年巴拿馬軍事強人諾瑞加將軍上台之後，時時與美國唱反調，一九八九年巴拿馬舉行總統大選，美國所支持的恩達拉獲勝，但諾瑞加拒絕承認，並宣布選舉無效，於是美國對巴拿馬進行經濟制裁，而諾瑞加則宣布與美國進入戰爭狀態。

一九八九年十二月，美國老布希總統發動「正義之師作戰」行動，出兵二萬七千名美軍進軍巴拿馬推翻諾瑞加政權，諾瑞加被活逮並被移送美國進行審判，最後美國以諾瑞加走私毒品爲名判刑四十年，而倒霉的諾瑞加在美國服了二十年刑期之後遭到美國驅逐出境，被送回巴拿馬的諾瑞加又再次被巴拿馬法院以違反人權罪名判刑二十年，諾瑞加此生要走出監獄將會相當困難。這正是與美國爲敵的下場。

由此可見，美國雖口口聲聲重視民主、人權，並要在全世界推展民主制度，但是我們看到從過去以來，一旦拉丁美洲國家透過民選制度選出左派反美政府，美國

①：美國前總統門羅於一八二三年所發表，表明美國當時的國際事務處置態度，即歐洲列強不應再殖民美洲，或涉足美國與墨西哥等美洲國家之主權相關事務。而對於歐洲各國間的爭端，或各國與其美洲殖民地間的戰事，美國將會保持中立。

卻又無所不用其極地試圖推翻、剷除，因此美國所謂的民主制度，其實是建立在是否服膺於美國帝國主義的狹隘心態之下。美國對於民主的兩套標準可見一般。

澳洲籍導演約翰．皮爾格本身是一個優秀的戰地作家，他的紀錄片作品《民主之戰》（*The War on Democracy*）便是試圖以其銳利的觀察，深入描述美國是如何爲了本國利益，在二次大戰之後從亞洲、中東、非洲到拉丁美洲，先後顛覆四十幾個國家政權。此片徹底拆開美國打扮成民主鬥士的華麗糖衣，皮爾格最後也大膽下了一個註腳：「美國並非像其所說的，是要給全世界帶來民主，反而是要極盡可能地扼殺民主。」

在片中，皮爾格訪談了一位美國中央情報局的特工，了解到他們是如何執行顛覆行動。最讓我印象深刻的是，當主持人反問特工，他們所推翻的大多是人民所選出來的民主政府時，特工卻說：「可是他們違反了美國的國家利益。」原來在美國國家利益大旗下，民主早被拋諸腦後。民主，是由美國的帝國主義來定義的。

而最特別的是，皮爾格爲了解委內瑞拉的實況，曾經貼身訪問查維茲總統長達數星期，和他一起上山下海，他所看到的是一個從不疲倦的總統，而他也從沒看過一個這樣深受人民愛戴的總統。查維茲的體力超乎常人，好像從來不用睡覺，他也看到查維茲所實施的基層民主自治，改變了委內瑞拉人民的生活型態，而最重要的是，他看到委內瑞拉人民所展現的自豪感，那是委內瑞拉人在長期被帝國主義的剝削下從來沒有的一種優越感。

只是斯人已逝，查維茲的政治輓歌，猶如委內瑞拉是一首永遠無法擺脫美國的政治悲歌。

委內瑞拉前總統查維茲（左），
與澳洲籍導演皮爾格。

11 隱士之國緬甸的民主歷程

誰控制過去，就能控制未來；誰控制現在，也就能控制過去。

——《一九八四》

猶記得十年前第一次訪問緬甸時，我追隨百年前喬治．歐威爾的腳步，體會他在《緬甸歲月》中的點滴記事。我漫步在仰光的街道上，不時看見安靜地走在街上的僧侶們，以及臉上抹著白粉的緬甸婦女們羞澀的微笑。我隔著茵雅湖，遙望翁山蘇姬被軟禁的住所，金色的大寶塔依然在陽光中閃閃發亮。

二〇一五年底，緬甸舉行開放後的首次國會大選，我又再次造訪緬甸，仰光

每一天，在全台的秘密基地裡，都有不同的故事在發生

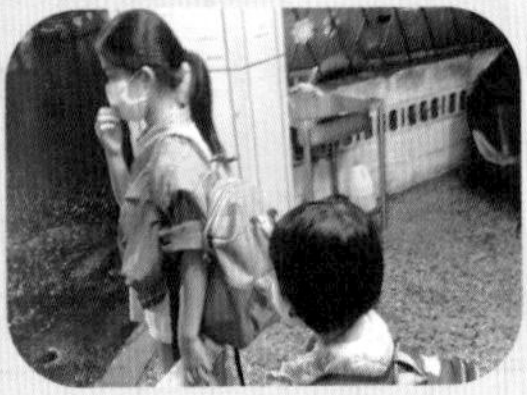

Love X Story 一張寫給爸爸的母親節卡片

母親節前的某天上午，秘密基地的電話鈴響了，話筒的那一端傳來微弱的聲音，喊了一聲「老師」，說他是蓁蓁的爸爸，要住進加護病房了！由於時間不多，希望可以先跟老師說一下，以免發生萬一……

Love X Story 我們不是專家，但是都專門愛小孩

眼看著整個教室要被高漲的情緒風暴淹沒，基地老師一把抱住小晴，用所有的力氣緊緊抱住她，很專心地抱著她，被抱住的小晴僵著身體呼吸急促，老師一邊陪她一邊等待她漸漸平穩下來……

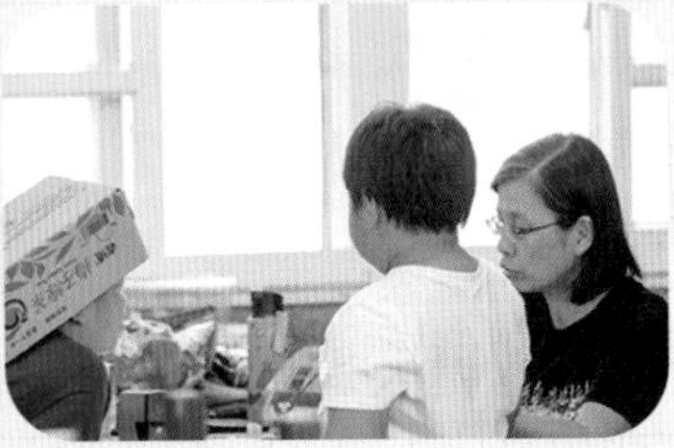

Love X Story 紙箱男孩的真實色彩與斜槓日常

阿哲，剛升五年級，被診斷出有妥瑞症的孩子。自從在基地老師關愛的「寶座」上得到肯定和學習動力，有時，完成自己的功課後，阿哲會教一年級的學妹，陪她慢慢地一遍遍念出注音符號的拼音……

加入我們，陪伴孩子安心長大

來到秘密基地的孩子或多或少都帶了點「傷」。這些孩子們生活中的變動和不確定總比一般的孩子多一些，也因此常會從孩子的眼中看見警戒與疑惑。如何讓孩子安心，「建立關係」是重要的第一課，基地老師們用心陪伴和照顧，尊重孩子的步伐，給予孩子空間以外，還需要再加上時間的考驗下才有機會讓孩子放下心防，而我們認為「孩子在安心之後，學習才有機會化為成長的養份」。

陪伴孩子的過程中，不間斷穩固的力量很重要，邀請您和我們一起成就這些改變的故事，在孩子成長的過程中，成為他的靠山，陪他走一段路，等待他長出羽翼，成長茁壯。

更多愛的故事

立即行動支持

的面貌已經出現巨大轉變，許多新建築拔地而起，街上充塞著綿延不絕的汽車，翁山蘇姬從謎樣般的茵雅湖畔，化成無數的選舉看板，隨處可見。喬治．歐威爾在《一九八四》所描述的極權景象早已不再，但金色的大寶塔卻仍在，只不過被LG、SONY的廣告霓虹燈包圍著，閃閃發亮，曾經度過百年孤寂歲月的隱士，已經漸漸甦醒了。

英國作家喬治．歐威爾，早年於英國殖民時期在緬甸擔任帝國警察，他總是穿著卡奇馬褲，以及閃閃發亮的高統馬靴，威風凜凜地走在路上，那是一種統治者高高在上的象徵，但是緬甸人的純樸與天真，卻讓他從此深深愛上了緬甸這個國家。

一九二七年的某一天喬治向大英帝國政府遞出辭呈，回到英國後他開始了長達四年的流浪生活，他靠著敏銳及獨特的筆觸，將下層社會的觀察及個人豐富的幻想力，寫成《緬甸歲月》《動物農莊》及《一九八四》三部小說，而這三部小說猶如緬甸近代歷史的三部曲。

從過去以來，緬甸就是一個隱士之國，潛藏在伊洛瓦底江的最深處，如同披上一層厚重的白紗，讓我們只能從地圖上看到，卻似乎永遠接觸不到。緬甸六千萬人口彷彿一群無聲的群衆。而緬甸政府爲了避免受到外界「世俗」的干擾，還特地把首都從臨海的仰光，遷移到內陸叢林深處的奈比多，從此之後，奈比多便有如一座緬甸執政者的失樂園，分隔了政府與民衆，也隔離了緬甸與世界。

其實，緬甸剛獨立的時候並非如此，那是一個充滿活力的新國度。

到過緬甸的人，都曾見過緬甸紙鈔上一張年輕的肖像，那是緬甸國父翁山，也是緬甸

緬甸國父翁山

民主推動者翁山蘇姬的父親。翁山年輕的時候，組織了一支「緬甸獨立義勇軍」，爲幫助緬甸脫離英國的殖民統治奮鬥，但卻在一九四七年緬甸獨立前夕遭到政敵暗殺（據說是之後掌權的軍事強人尼溫所爲），當時年僅三十二歲，那時還有六名政府閣員也連同翁山一起被殺害，這讓獨立之後的緬甸權力頓時中空，也埋下文人與軍人之間長期的鬥爭種子。

緬甸人極度迷信占星術，在政府御用占星家的指點下，選擇於一九四八年一月四日凌晨四點二十分宣布建國，然而當時另一位緬甸占星家知道此事之後卻大呼不妙，他認爲這個時間點是個凶卦，之後緬甸將會淪落至流血與戰鬥的景況之中。這位占星家的預言果然成眞。

翁山被刺殺之後，由翁山的革命夥伴吳努擔任獨立後的第一任文人總理，由於緬甸是一個多族群的國家，有多達十餘個少數民族，因此吳努認爲多元化的聯邦制，將是最適合緬甸的政治體制。但這項主張引發以緬族爲主體的軍方人士高度不滿，於是軍事強人尼溫便於一九六二年發動軍事政變，推翻吳努文人政府。吳努被迫流亡海外，此後緬甸對外關起大門，走向軍人長期統治的道路。

追求民主，開啟翁山蘇姬軟禁生涯

尼溫執政之後開始恣意屠殺異己，進行政治大清肅，對外則驅逐所有外國人，當時所有專業人士幾乎都逃離緬甸。在尼溫實施具有緬甸特色的社會主義下，讓緬甸從世界米倉之國，淪為亞洲最貧窮的國家。尼溫雖然具有半華人的血統，但他卻是緬人至上主義的奉行者，他不但極度仇視華人，並對撣族、克倫族等少數民族任意進行鎮壓、屠殺，有「緬甸屠夫」之稱。

當時在緬甸，我們經常可看到緬甸人的雙手及手背上，都會刺著一連串的藍色小圈，每一圈都刺在指節上，緬甸人相信這可以保護自己不受子彈、毒蛇及黑魔法的侵害，因為在尼溫的恐怖統治之下，每個人都有可能成為尼溫屠刀下的犧牲者。

尼溫不但殘暴，而且氣量狹小。宇譚是當時緬甸最有名的外交官，他在尼溫發動政變之前，便被延攬擔任聯合國祕書長，但由於宇譚曾在聯合國大會中嚴詞批評尼溫的高壓統治及不重視人權，讓尼溫之後把宇譚視為瘟神、眼中釘，還不准他返國。

一九七四年宇譚過世，尼溫下令民衆不准到機場接機，也不准官員舉行國喪，這引起緬甸民衆高度不滿，並引爆大規模示威抗議。當時緬甸的大學生不顧政府反對，不但迎接宇譚的棺木，還將他葬在仰光大學學生議會舊址，那是翁山革命的發源地，象徵宇譚崇高的政治地位。但兩天後，尼溫的軍隊竟把宇譚的遺體挖出，逕自火化埋在大金寺腳下。

尼溫本人也是個無可救藥的占星術迷信者，在一九八七年有位占星家告訴尼溫，「九」才是他的幸運數字，尼溫聽了之後不但搬到九樓居住，侍衛也改成九人，還把原本十進位的貨幣做廢，通令發行九進位的貨幣，讓許多緬甸人一夕之間成爲赤貧，進而引爆一九八八年的民主示威運動。尼溫不得不宣布退位。

一九八八年緬甸民主運動方興未艾時，闊別多年的翁山蘇姬回到了緬甸。

翁山蘇姬是緬甸國父翁山的女兒，由於尼溫在過去曾經擔任翁山的部屬，因此在尼溫發動政變奪權之後，便採取「尊翁」策略，派遣翁山的遺孀擔任駐印度大使，而翁山蘇姬也在印度學習英文，之後負笈英國留學，而印度是當時緬甸獨立之後最重要的盟國，由此可見尼溫對翁山母女的重視。

翁山蘇姬到英國念書之後，與英國西藏研究學者麥克．阿里斯陷入熱戀，婚後翁山蘇姬擔任一名專職的家庭主婦，因而遠離了尼溫專政時期的政治是非。一九八八年，翁山蘇姬收到住在緬甸的母親中風消息，便回到她闊別多年的緬甸照顧母親。

翁山蘇姬回到國內之後，正逢緬甸民主示威運動最高峰，尼溫雖然宣告下台，但是剛上台的軍人新政府卻出動大批軍隊鎮壓手無寸鐵的民眾，由於翁山蘇姬是緬甸建國者翁山之女，於是許多被迫害的民主人士便轉而要求翁山蘇姬出來領導這波民主運動。因此，翁山蘇姬便於一九八九年組成「全國民主聯盟」，在甘地思想的影響下，主張非暴力的民主運動。

全國民主聯盟成立之後，在翁山蘇姬的個人魅力下立刻成為全國最大反對黨，這讓軍人政府有如芒刺在背，再加上一九九〇年即將舉行國會大選，於是在一九八九年底，軍人政府便以煽動暴力罪名，將翁山蘇姬軟禁於茵雅湖畔的住處，以防止翁山蘇姬進行選舉造勢宣傳。然而在翁山蘇姬的缺席下，全國民主聯盟仍然獲得八成國會席次，翁山蘇姬將成為緬甸的總理，但是軍政府卻悍然宣布選舉無效，並繼續軟禁翁山蘇姬，這也開啓翁山蘇姬將近二十年的軟禁生涯序幕。

追求民主卻輕忽人道的翁山蘇姬

在這段漫長期間，翁山蘇姬一直拒絕軍人政府將她驅逐出境而獲得自由的條件，因此連一九九一年獲得諾貝爾和平獎也不能到瑞典親自領獎，甚至她的丈夫一九九九年病重臨終前都無法見他最後一面，因爲翁山蘇姬知道只要她一離境，就永遠再也無法回到她心愛的國度，在親情與民主的兩難下，她寧願選擇後者。

翁山蘇姬被軟禁期間，不但行動受到軍政府嚴密監控，也不能會見任何外籍及民主人士。二〇〇九年一名美國人耶托以游泳方式橫渡茵雅湖，來到翁山蘇姬被軟禁的住所，並成功見到翁山蘇姬本人，但事後卻被軍政府發現，翁山蘇姬被控意圖藏匿外國人罪名，再行延長軟禁十八個月，直到二〇一〇年十一月美國國務卿希拉蕊訪問緬甸前夕，翁山蘇姬才被正式釋放。

當翁山蘇姬結束長達二十年的軟禁生涯之後，正逢緬甸政局巨大轉變，緬甸最後一位軍事強人丹瑞，在國內民主化的壓力下於二〇一一年三月宣告退位，結束長達五十年的軍人統治，由文人登盛擔任緬甸總統。登盛上台之後，一方面進行民主化釋放大批政治犯，也承諾在二〇一五年舉行國會大選，另一方面也改變過去對中國一邊倒的政策，大幅改善與美國、日本的外交關係，並鼓勵外國投資，緬甸正式告別了隱士之國。

二〇一五年十一月，緬甸舉行民主化後首次國會大選，正如選前所預測，翁山蘇姬的「全國民主聯盟」獲得壓倒性的八成選票，但是翁山蘇姬仍然無法成為緬甸總統，因爲緬甸新的選罷法規定，配偶或子女是外國人者不能擔任緬甸總統，翁山蘇姬只能派自己的親信廷覺出任總統，自己則擔任國家顧問。另外，在國會當中仍有三分之一席次是由軍人指派，因此緬甸軍人政府雖然退位，但是仍然在幕後操縱，他們制定了所有政治遊戲規則，由此可見翁山蘇姬雖然勝選，緬甸之春卻尚未開花。

在電影當中，探討翁山蘇姬追求民主之路最有名的，當是法國導演盧貝松所執導、楊紫瓊擔綱主演的《以愛之名：翁山蘇姬》。這部電影著重在翁山蘇姬面對軍政府的勇敢無懼，以及當翁山蘇姬面臨政治理想與兒女親情的兩難抉擇時，翁山蘇姬追求民主的堅定信念。軍政府曾經在翁山蘇姬面前問道：「夫人，任憑你做選擇，你要丈夫、孩子，還是要你的國家？」

只是每個人，都有光明與暗黑的一面。翁山蘇姬勇於追求緬甸的民主化，但她卻很少關注緬甸的少數族群問題。本

緬甸國家顧問翁山蘇姬。

文無意詆毀翁山蘇姬的形象，但無可諱言地，在族群問題上翁山蘇姬似乎仍抱持緬人中心主義，這與軍人政府似乎沒有太大不同，而人權與民主是一體兩面，無可偏廢，特別是長期被緬甸政府壓迫的羅興亞族。

羅興亞族，是生活在緬甸與孟加拉邊境的少數民族，緬甸人大多信奉佛教，而羅興亞族卻信奉伊斯蘭教。因此，從過去的軍政府以來，緬甸便不承認羅興亞是緬甸的一族，而與羅興亞人同族的孟加拉，也不承認羅興亞人是他們的國民，羅興亞人就如同一個沒有國籍的民族，漂流在孟加拉灣與安達曼海之間。

最近有人發現，翁山蘇姬當權之後，卻開始與人權漸行漸遠了，她無視國內受迫害的羅興亞族穆斯林的困境，也未能阻止政府對其他少數民族的暴行，反而支持抹去大眾對軍方血腥鎮壓的歷史。這不正呼應喬治·歐威爾在《一九八四》裡的一句話：「誰控制現在，也就能控制過去。」

不知道緬甸的占星家們，有沒有預測到這樣的結果。

第3部

經貿關係與貧窮

12 巴西——邊陲以上，中心未滿

一個窮人偷竊時，他得去坐牢；一個有錢人偷竊，就成了部長！

——巴西前總統魯拉

二〇一〇年十月二十八日，是巴西近代史上的一個重要日子，因爲就在那一天，巴西國家石油公司宣布在巴西東南方外海發現一座超大油田，估計蘊藏量多達一百六十億桶，是目前全球最大的海上油田，而巴西政府對其擁有百分之百的開採權。此後，巴西將從過去的石油進口依賴國，轉變爲石油輸出大國，而這座油田每年將爲巴西賺進數百億美元的外匯。難怪當時的巴西總統魯拉會說：「上帝是巴西

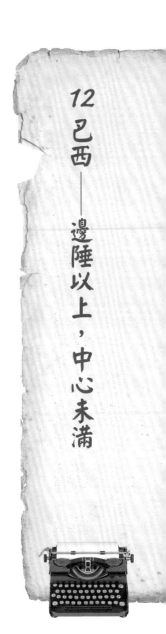

人。」

說不定上帝眞的是巴西人！因爲從過去以來，巴西便受到上天無所不在的眷顧，在巴西這片大地上沒有寒冬，遍地都是熱帶植物與水果，香蕉、柳丁、芒果及西洋梨隨手可摘，根本餓不死人，這樣的環境亦養成巴西人生性樂觀、做事懶散的個性，以及喜歡充分享受沙灘、陽光、足球與嘉年華，使巴西成爲亞洲及歐洲移民的最佳聖地，在里約熱內盧及聖保羅等大城市中，散布著荷蘭城、義大利城、日本城及德國城，這些外來移民之間不但沒有任何種族隔閡，還彼此共同分享這片樂土。

只不過，在這份快樂背後藏著悲傷。

貧富差距最大的天堂

首先，巴西雖然早在一八二二年就脫離葡萄牙獨立建國，但是獨立後的巴西，大部分時間卻處在軍事獨裁統治之下，它歷經佩德羅國王的巴西帝國，熱圖利奧．瓦加斯的獨裁統治，以及一九六四年政變之後的軍人獨裁統治，直到一九八五年才舉行民主選舉，但選出的第一位文人總統坦克雷多．內維斯卻在就職前幾天突然生病過世。巴西民主化過程還眞是艱辛與坎坷。

其次，巴西也擁有全球最大的貧民窟。光是里約熱內盧一地，就有聖瑪莉亞、維拉克魯塞羅、維迪加爾及梅特羅等四大貧民窟，它們就座落在亞卡雷帕瓜的山坳處，如積木般的箱型紅磚屋彼此錯落，裡面有數十萬人擁擠地居住著，那是科科瓦多山頂上那舉世聞名的救世基督像所無法見到的地方。

自從過去以來，貧富差距就一直是巴西政府最頭痛的問題。巴西在建國之始，便深信所謂的「滴水效應」，先讓一部分人富起來，帶動全民的均富。但是巴西經濟成長的果實，卻從來就沒有全民共享過，而是掌握在少數財閥世家的手中。根據巴西應用經濟研究所的統計，巴西是目前世界上貧富差距最大的國家，基尼係數高達〇．五五①，巴西前一〇％的有錢人，竟占有全國財富的五〇％以上，而貧困人口高達四〇％，卻只擁有全國財富不到一〇％。

而慵懶的民族性，也造就巴西政府的無效能。巴西建國過程中，從來沒有耗費一槍一彈，巴西是一個移民大國，在十九世紀末從日本及歐洲引進五百萬新移民，但卻從來沒有發生種族衝突。在這種環境下，讓巴西政府在施政上顯得相當的隨性，想花錢就花錢，錢不夠就印鈔票，或是向國外借款，這讓巴西一直是全球最大的外債國之一，例如在二〇一四年，巴西的外債便高達八百六十億美元，是其經濟規模的三倍之多。

巴西雖然擁有高額的財政赤字，但卻處處模仿西方國家的社會福利制度，這造成國家基礎建設嚴重不足，失去產業升級動力，全民雖享有免費醫療照顧及國民教育，但醫療及教育品質卻是相當低落，再加上複雜的稅制以及極度仰賴貨幣貶值，讓巴西創造了舉世最高的通貨膨脹率。在一九九二年，當年巴西的惡性通貨膨脹竟高達二〇〇〇%，並創下在五年之內做廢三種貨幣的世界經濟紀錄。

然而，巴西人卻從來不認爲巴西的貧窮是來自政府經濟政策的失能，是來自土

---

①：〇．四～〇．五表示貧富差距大，〇．六以上則是差距懸殊。

地資源掌控在少數世家手中，而是歸咎於長期以來西方國家對巴西永無止盡的掏空與剝削。一九六八年巴西社會學家卡多索便以巴西的經濟發展為例證，提出著名的「依賴理論」，主張以西方國家為主的跨國公司，從巴西賺取龐大的經濟利益後，卻將獲利全數匯回母國，這是巴西貧窮的主因，也讓巴西經濟更加依賴美歐等先進工業國家。

卡多索的「依賴理論」，將世界經濟體系畫分為「中心」與「邊陲」，美國及西方工業國家是「中心」，而拉丁美洲的巴西與阿根廷等國是「邊陲」，美國藉由跨國公司大舉投資拉丁美洲，並利用拉丁美洲豐富的礦產及低廉的勞動力來降低成本，之後再把產品高價傾銷給拉丁美洲，這種產業模式造成拉丁美洲對美國永無止盡的經濟依賴。

三十年後，卡多索當選巴西總統，在他八年總統任期中（一九九五至二〇〇二）實施新自由經濟主義政策，大幅削減財政赤字，提高匯率與利率，在三年內將巴西的通貨膨脹從一二〇〇%有效地降到一五%，也維持巴西貨幣的穩定性。然而，巴西的經濟命脈卻仍然掌控在跨國公司手中，卡多索這才發現原來巴西想要擺脫帝國主義的經濟剝削，並沒有想像中容易。理想與現實的差距竟是如此遙遠。

正所謂有夢最美，希望相隨。雖然巴西無法擺脫帝國主義的經濟控制，但是巴西人卻勇於追求窮人翻身的大夢，前巴西總統魯拉的故事，正是所有巴西人共同的夢想。

二〇〇九年九月，丹麥首都哥本哈根成爲國際鎂光燈焦點，因爲當天國際奧林匹克委員會，正在進行二〇一六年夏季奧林匹克運動會主辦權的決

巴西前總統卡多索，曾提出著名的「依賴理論」。

選，而留著大鬍子的巴西總統魯拉，身穿剪裁合宜的西裝，正在向各國說明這場盛會對巴西人的重要性。最後，巴西里約熱內盧擊敗了美國芝加哥、西班牙馬德里及日本東京，魯拉成爲巴西的最佳推銷員。但魯拉的人生故事，也許會更有說服力。

無法無天——上帝遺棄了巴西？

魯拉出身巴西東北部的窮鄉伯南布克州，家境微寒，小時候曾在街頭當過擦鞋童及賣花生，後來進入一家鋼鐵廠擔任工人，左手手指還曾被機器截斷，但是他卻努力不懈，開始投入工運來爲工人爭取權利。一九八〇年他組建「勞工黨」，開始投入政壇，並在一九八四年首次當選巴西聯邦眾議員，他曾在一九八九年、一九九四年、一九九八年三度參選總統，但都不幸落敗，直到二〇〇二年才擊敗社會民主黨的塞拉順利當選，成爲巴西首位左翼總統。

猶記得，魯拉於一九八九年首次代表勞工黨參選總統大位時，雖然以極懸殊的票數落敗，但是魯拉卻開始深入基層，以走遍全國鄉鎮的方式來獲得基層勞工選民認同，這讓勞工黨聲勢開始水漲船高，成為最大在野黨。左翼勞工黨的崛起，讓西方資本主義開始感到恐懼，這些以跨國公司為主體的利益團體，擔心勞工黨執政之後其在巴西的經濟利益將會受到影響，於是便在每次魯拉參選總統時，透過《華爾街日報》放出假若魯拉當選，外資將會大舉撤資，巴西經濟將會崩潰的耳語，讓魯拉腹背受敵。

二〇〇三年魯拉當選總統之後巴西經濟並未崩潰，反而成為金磚四國當中最閃耀的一顆新星。魯拉當政之後，積極尋求縮短貧富差距，讓廣大的窮人翻身，他推動「零飢餓計畫」「家庭救助計畫」，以確保所有巴西人一日三餐溫飽，受惠人口達一千多萬戶，而在他執政的八年期間，總計巴西赤貧人口減少了二七％，中產階級人口也增加至五二％，奠定巴西經濟成長基礎。

另外，魯拉也以爭取世界杯足球賽及舉辦奧林匹克運動會等大型國際賽事，來尋求巴西的翻身。魯拉深信所謂的「奧運經濟學」，舉辦奧運會的經濟效益將可帶動國家經濟的成長，他舉出在一九六四年東京奧運之後，日本經濟成長率連續十年超過一〇％，進而於一九七六年擠身世界第二大經濟體。一九八八年的漢城奧運讓韓國締造漢江奇蹟，成為亞洲四小龍之首。二〇〇八年的北京奧運，更讓中國超越日本，成為世界第二大經濟體。

然而，巴西政府花大錢建奧運場館，卻壓縮了原本的社會福利支出，同時在政府預算捉襟見肘下，只能變相向人民加稅，這引發巴西人民的強烈反彈。二〇一三年六月，巴西政府調升〇．六里拉（約新台幣三元）的公車票價，便引爆巴西民眾反撲的浪潮，總計有一百二十五萬人走上街頭，他們占據各地的州政府，摧毀提款機，破壞世足館，將原本抗爭的訴求從公車票價延伸至對醫療、交通及教育預算被政府大舉壓縮的不滿。由此可見國家的翻身與人民的翻身無法兼得。

巴西電影《無法無天》，光看英文片名「*City of God*」，會以為那是一個備受上帝眷顧的天使之城，然而此片其實是在描述巴西最底層社會——貧民窟生存的叢林法則，那個早已被上帝遺忘的地獄之城。從電影劇情中也可以看出，在黑道、毒品及犯罪的交錯下，巴西貧民窟裡的無法無天。

這部電影是改編自巴西作家保羅．林斯的同名小說，敘述一位巴西少年阿炮，見證在里約熱內盧最大貧民窟裡發生的黑幫火拼與毒品犯罪的故事。劇中的少年三俠，他們拿槍當街打劫開在路上的名車，他們自以爲劫富濟貧，其實只是仇富的一種集體心理反射罷了。

其實，在巴西不止貧民窟無法無天，連政治人物也是無法無天。

被巴西人稱做擦鞋童總統的魯拉，在二〇一一年下台後，卻深陷貪汙弊案中。二〇一六年四月，高齡七十歲的魯

巴西前總統魯拉，成功推銷里約熱內盧，獲得2016奧運主辦權。

拉被巴西最高檢察署人員從家中帶走拘提偵訊時，引發巴西輿論一陣喧然大波。

他們指控魯拉在總統任內創立了「魯拉研究所」，而這個研究所卻接受巴西石油公司一千萬美元的賄款，同時負責奧運會場館的包商雷亞爾公司，每年都要支付一百萬美元的「修繕費」給魯拉個人及家人，而魯拉也收受巴西最大富商賓萊兩棟別墅的「贈品」。

魯拉在總統任內曾經讓三千多萬巴西人脫貧，但他卻受不了外界誘惑，重蹈過去軍人獨裁政府的道路，利用總統大位來做爲斂財工具，讓自己也躋身政治權貴的上流社會中。

看到魯拉老淚縱橫地說「這是一場政治迫害」時，再對照電影《無法無天》裡貧民窟的黑幫勢力被一個毫不起眼的小豆子所取代，我們才赫然發現，巴西貧民窟的生存法則原來是巴西政界縮影。

13 以鄰為壑：美古恩怨情仇

你們美國人總以為，其他國家都是來要錢的。我是為了友好關係和經濟合作而來。

——古巴前領導人卡斯楚

二〇一六年三月二十日是一個歷史性的時刻。時任美國總統的歐巴馬在當天下午抵達古巴首都哈瓦那機場，走上古巴總統勞爾（菲德爾．卡斯楚之弟，爲區分方便下文以勞爾代之；下文菲德爾．卡斯楚則以卡斯楚代之）爲他鋪下的紅地毯。這雖然只是歐巴馬的一小步，卻是美古關係的一大步。古巴距離美國雖然不到一百五十公里，但歐巴馬這一步美國卻走了八十八年，因爲距離上次美國總統柯立芝搭軍艦到古巴，已經是一九二八年的事了。

歐巴馬將這次古巴之行定調爲私人觀光之旅，因此他參觀了古色古香的哈瓦那古城，百年前這裡曾經是美國富豪消磨時光的所在，而他也觀賞了古巴國家棒球隊與美國大聯盟光芒隊的比賽。這幾年，古巴球員一直是美國職棒大聯盟的主要來源。有眼尖的美國記者發現，哈瓦那街上的私家車及計程車，竟然都是美國早已停產的克萊斯勒古董車，它們不但保存良好，還能夠到處趴趴走。偌大的古巴彷彿是一部時光機，把時間凍結在六十年前。

頭髮散亂、滿臉鬍鬚的切．格瓦拉躺在冰冷的稻草上，他雙眼微張地看著前方，彷佛想開口訴說他未完成的革命壯志，因爲幾天前他因爲一個貪婪下士的告密，被玻利維亞特種部隊逮捕，沒多久便被處決。兩年前，切．格瓦拉因爲要實現在拉丁美洲推展革命的理念，隻身到玻利維亞鄉間打游擊戰，最後卻客死他鄉。從此之後切．格瓦拉的精神便成爲拉丁美洲解放的象徵。

而歷史總是弄人，當時負責處死格瓦拉的玻利維亞軍官，四十年後因爲白內障來到古巴接受醫師免費的治療而重見光明。免費醫療政策是醫師出身的切・格瓦拉過去在古巴推行的一項重大社會福利，嘉惠了千萬古巴人民，荒謬的是連殺了他的劊子手也享受了這項福利。

過去大家提到古巴革命，總是只想到頭戴軍帽、滿臉鬍鬚的卡斯楚，但卻很少人提及切・格瓦拉。切・格瓦拉雖是阿根廷人，然而在一九五九年的古巴革命，卻是由卡斯楚兄弟及切・格瓦拉三人所共同締

美國前總統歐巴馬訪問古巴，並於2016年3月20日與古巴現任領導人勞爾（左）展開睽違88年的世紀會面。

造的。在古巴建國初期，切．格瓦拉更是古巴政經制度的主要奠定者。當切．格瓦拉還是個醫學院學生時，便曾經遊歷拉丁美洲各國，他被農村貧困的景象所震撼，因而決定日後在拉丁美洲推展革命，以對抗帝國主義對拉美人民的剝削。而古巴便是切．格瓦拉的首站。

古巴自從一四九二年被哥倫布發現之後，一直是由西班牙所統治。一八九二年，古巴革命領導人何塞．馬蒂因爲不滿西班牙殖民政策，便號召民衆起義，卻遭到西班牙軍隊的強力鎭壓，之後由於美國政府介入，西班牙便與美國爆發「美西戰爭」。西班牙落敗之後，只好將古巴割讓給美國。一九〇二年美國雖然承認古巴獨立，但在門羅主義政策下卻一直把古巴當成自家後院，美國不但在古巴扶植親美的獨裁者艾斯特拉達．帕爾馬，也強行占領、租借三座陸海軍基地，其中最有名的當是「關塔那摩基地」，美國至今仍尚未歸還，同時在這一百多年期間，美國政府只支付古巴政府十三萬美元租金，平均一年不到一千美元，由此可見美國對古巴的予取予求。

一九三三年，軍事強人巴蒂斯塔在美國的支持下發動軍事政變推翻索卡拉斯政權，在親美路線下，巴蒂斯塔執政的二十五年期間，與美國簽署軍事互助條約，讓古巴成爲美國的保護國，而巴蒂斯塔更將國家財富集中在少數親美資本家手中，此外美國黑手黨更是積極介入古巴的商業活動，在古巴設立賭場、酒吧等娛樂場所，讓古巴成爲全球資本家的天堂，也讓哈瓦那成爲美國富豪紙醉金迷之地，這引發古巴民衆強烈不滿，卡斯楚便是其中一位。

南美兩大傳奇革命家：卡斯楚（左）與切・格瓦拉。

傳奇的古巴強人卡斯楚

古巴強人卡斯楚畢業於哈瓦那大學法學系，而且還取得法學博士學位。他在就學期間熱愛參與政治活動，並對當時社會缺乏公平正義表示不滿，之後他追隨古巴政治家奇瓦斯從事社會運動，也到哥倫比亞參加波哥大暴動。回國之後，卡斯楚原本要參加一九五二年古巴國會大選，寄望以從政方式改變古巴。但是天不從人願，當時的獨裁者巴蒂斯塔卻以緊急事態爲理由取消國會選舉，事後卡斯楚蒐集證據控訴巴蒂斯塔違憲，卻屢屢遭到駁回，這讓卡斯楚放棄以合法手段罷黜巴蒂斯塔，深信唯有革命才能推翻巴蒂斯塔政權。

一九五三年，卡斯楚召集一百六十五位革命分子攻擊位在聖地哥的軍營，但不幸落敗被捕入獄。一九五五年出獄之後，卡斯楚轉而前往海外發動革命，並在墨西哥首都墨西哥城與切·格瓦拉相遇。之後切·格瓦拉加入卡斯楚的「七二六組織」，這個組織是由許多年輕古巴士兵所組成，其目的是要發動軍事政變，推翻巴蒂斯塔政權，並在古巴實施社會主義。由於「七二六組織」主張打倒大地主，將土地還給人民，因此受到古巴農民及勞工支持，在廣大人民的支持下卡斯楚於一九五九年成功占領首都哈瓦那，巴蒂斯塔連夜逃往美國，古巴一夕風雲變色，成為拉丁美洲第一個共產政權。當時卡斯楚三十二歲，切．格瓦拉更不到三十歲。

一九五九年古巴革命前夕，當時美國在古巴的資本家仍然深信在美國支持下，巴蒂斯塔的政權仍然穩固，許多美國富豪仍然留連在哈瓦那的酒吧，享受著燈紅酒綠的生活。一覺醒來，發現古巴早已人事全非，美國作家艾利希．弗拉特於《在哈瓦那，遇見格瓦拉》書中便生動地描寫哈瓦那革命前夕的一幕。

古巴新政府成立之後由卡斯楚擔任最高領導人，卡斯楚不但協助切．格瓦拉取得古巴公民身分，也延攬他擔任古巴的工業部長及國家銀行總裁，為古巴擘畫社會主義式的計畫經濟。切．格瓦拉為振興古巴經濟，不辭千里遠赴蘇聯尋求經濟援助。為了彰顯古巴身為拉丁美洲第一個共產國家之地位，切．格瓦拉更代表古巴參加一九六四年的聯合國大會，並相繼訪問阿爾及利亞、剛果及中國等第三世界國家，讓古巴逐漸成為拉丁美洲的革命輸出地。

之後，切．格瓦拉親眼目睹古巴在革命之後，許多高官沉迷豪奢生活當中，也對古巴一味在經濟上追隨蘇聯模式而深感憂慮，在政策與理念的相互箝制下，讓他與卡斯楚的革命路線漸行漸遠，於是切．格瓦拉便於一九六五年辭去古巴政府職位，遠赴剛果及波利維亞參加游擊隊，以實現他的革命理念。

一九五九年古巴革命成功，的確讓美國大爲震驚，而爲了要確保美國在古巴的經濟利益，美國便在一九六一年發動「豬灣事件」，以資助流亡美國的古巴人來推翻卡斯楚政權。該年四月，約有一千五百名受過軍事訓練的古巴士兵，在美國中央情報局人員的指揮下，從古巴南方的豬灣登陸。當時計畫登陸之後，再由美國出動軍隊進行後援，然而登陸後由美國政府提供的兩艘彈藥運補船卻被古巴軍方擊沉，且美國政府改變計畫，臨時不派美軍支援，結果造成流亡軍約九十人陣亡、一千多人遭到逮捕。

美古關係：從劍拔弩張到解除管制

豬灣事件失敗後，卡斯楚驚覺美國將以武力推翻古巴共產政權，於是卡斯楚便積極向蘇聯尋求軍事援助，而當時赫魯雪夫政府也想把古巴當成向拉丁美洲發動共產革命的前哨，於是蘇聯一方面提供古巴大量原油及資金，同時也祕密在古巴部署可以裝載核彈頭的中程導彈，並部署四萬名蘇聯士兵保護古巴。由於古巴是美國在南方的鄰國，兩國之間直線距離不到兩百公里，蘇聯在古巴部署中程導彈，其射程將可涵括美國本土全境。

一九六二年，美國人造衛星測知蘇聯導彈部署在古巴東北的聖克里斯托佛，同時還發現蘇聯也部署二十二架伊留申轟炸機。這讓美國政府大為震驚，決定以軍事嚇阻方式來迫使蘇聯讓步，於是甘迺迪總統宣布出動二百艘軍艦包圍古巴，同時對古巴全境進行封鎖與禁運。之後在一連串協商談判下，由於美蘇兩國都不願因古巴問題引爆第三次大戰，雙方便達成最終協議，蘇聯撤回部署在古巴的飛彈，美國承諾不再對古巴進行任何入侵行動。歷時一年多的古巴飛彈危機就此落幕，而這次飛彈危機，也成國際政治學界危機處理的最佳教材。

美國放棄入侵古巴之後，便試圖以暗殺卡斯楚的方式來改變古巴政局，據悉美國中央情報局總計曾對卡斯楚個人發動六百三十八次暗殺行動，但都沒有成功，卡斯楚也成爲全球被暗殺最多次的領導人，該項紀錄也於二〇一一年被載入金氏世界紀錄。卡斯楚本人也成爲近代史上在位最長的領導人，長達五十年，他於二〇一一年將最高領導人職務交棒給他的胞弟勞爾。

古巴在一九五九年革命成功後便全面實施國有化政策，大量沒收美國資本家所擁有的農場、土地及蔗田，而美國也從一九六一年開始對古巴進行經濟制裁，包括古巴最依賴美國的原油進口，至今仍尚未解除，是全球歷時最久的經濟制裁。古巴轉向蘇聯尋求援助，在一九九〇年蘇聯瓦解之前，蘇聯每年援助古巴四十億美元，但冷戰結束之後來自蘇聯的援助便告中斷，這讓古巴經濟陷入前所未有的困境，也讓古巴成爲全世界最窮的國家之一。然而古巴最有名的就是低廉而高品質的醫師，古巴醫師成爲國際組織當中最受歡迎的，輸出古巴醫師也成爲古巴賺取外匯的方式之一。

二〇一一年勞爾上台後開始進行經濟改革，但是在美國的經濟制裁下效果仍然相當有限，目前古巴平均月收入只有二十美元，不到美國的百分之一，但是上網一個小時的費用卻高達六美元，約一個月薪水的三分之一，這導致目前約九五％古巴人仍沒有網路使用習慣。解鈴還需繫鈴人，古巴經濟是否能夠再起，端賴美國何時完全解除經濟制裁。

《革命前夕的摩托車日記》這部電影，是描述切．格瓦拉在年輕時期與好友阿爾貝托騎著摩托車遊歷南美各國，並因此萌生革命思想的故事。他們從阿根廷開始，順時針依序到智利、祕魯、哥倫比亞、委內瑞拉，他們一開始是騎摩托車，途中還因機車報銷改以徒步方式前進，並以借宿民家方式來過著克難的生活。本片於二〇〇四年上映（二〇〇五年台灣上映），由巴西導演華特．沙勒斯執導，曾入圍金球獎最佳外語片。

本片也試圖勾勒出拉丁美洲的貧富懸殊與階級差異。切．格瓦拉與阿爾貝托兩人都是阿根廷醫學院學生，他們在智利遇到一對土地被強占，遠離家鄉到礦場尋求生活溫飽的礦工夫妻，當礦工夫妻問他們爲什麼來到這裡，他們無法回答「旅行」。旅行，對那些三餐都無法溫飽的人是何等的奢求。

同時這部片也像是透過革命家切．格瓦拉的眼睛，直探拉丁美洲農民長期被資本家剝削的狀況。切・格瓦拉曾經說過：「哪裡有貧困，哪裡就有我！」只是，切・格瓦拉去世多年，拉丁美洲仍然難以擺脫貧窮。

14 菲律賓，凋敝已久的老牌民主國

我將去之國，沒有暴君，也沒有奴隸，那裡親善和睦，一切統於上帝。

——菲律賓國父黎剎

我有一位學生在警政署外事科工作，有一次他到菲律賓馬尼拉押解台灣的詐欺犯返國時，看到一名年輕的台籍詐欺犯，打著赤腳、渾身上下只提著一個塑膠袋，於是忍不住問他：「你來這麼久，卻沒有帶任何行李嗎？」他說有，但剛剛都被菲律賓官員搜刮一空了，他的 Rimowa 行李箱被訊問的警察拉走，LV包包被海關人員順手背走，Burberry 的外套及腳上的 Havana 夾腳拖也都在過偵測門時被檢查人員拿走。沒想到菲律賓官員貪汙腐敗的情形如此嚴重。

大家都喜歡追求民主，也喜歡以民主來衡量一個國家的進步與否。菲律賓是東亞最老牌的民主國家，但我們對菲律賓的印象，卻停留在治安不好、貪汙嚴重、效率不佳、經濟落後。很多人也許不知道，在一九五〇年代，菲律賓是全亞洲經濟發展最好的國家，甚至連如今的經濟大國日本，在那時都還不如菲律賓。當時許多的台灣人，都爭相到菲律賓去當「台勞」。

然而曾幾何時，如今菲律賓卻成爲亞洲經濟發展最落後國家之一，人均所得不到三千美元，只有台灣九分之一，而每年約有一千多萬的菲律賓女性飄洋過海，到海外幫傭來爲國家賺取外匯，甚至連菲律賓機場的海關都有菲傭專門通道。

民主可以載舟，亦可以覆舟。菲律賓的經濟會從亞洲之首掉到亞洲之尾，最主要的關鍵，在於菲律賓人選錯了領導人。

一九六五年，在菲律賓人的熱情支持下，年輕律師出身的馬可仕以建立新社會爲號召，擊敗了爭取連任的政治強人馬嘉柏皋，當選菲律賓獨立後的第十任總統。馬可仕上台後強化與美國之間的關係，並利用美國龐大的經濟援助，擴大個人的政治版圖。以馬可仕家族爲主體的裙帶資本主義，開始在菲律賓各地開花結果，在地方政治世家的經濟壟斷下，貧富差距開始日益擴大，馬可仕的新社會藍圖竟是如此。

菲律賓人用選票拋棄了一個強人，卻來了另一個更殘暴的強人。馬可仕在初嘗權力滋味後，在一九六九年以買票、賄選、耳語及打擊政要的方式，順利連任總統，成爲菲律賓獨立以來第一位連任的總統。然而在馬可仕用人唯親及社會階級對立越來越嚴重的情況下，菲律賓南部的貧困農民開始組成「新人民軍」，以在鄉間發動游擊戰的武裝革命方式，來反抗馬可仕政府。

此外，由艾奎諾爲首的反馬可仕民主人士，也在馬尼拉等大城市發動大規模學潮。一九七〇年十一月，抗議的大學生還衝進菲律賓總統府馬拉坎南宮，並與軍警爆發大規模流血衝突，在腹背受敵之下馬可仕於一九七二年宣布全國戒嚴，開始大規模拘捕艾奎諾等民主人士，並派出軍隊鎮壓南部的新人民軍，在另一方面馬可仕也宣布總統不受兩任任期限制，可無限期連任，菲律賓從此進入馬可仕獨裁時代。

從民主走向獨裁：菲律賓的向下沉淪

艾奎諾雖被馬可仕逮捕入獄，但在菲律賓的高人氣卻讓馬可仕感覺芒刺在背，於是馬可仕便以安排赴美就醫方式，讓艾奎諾遠離菲律賓政壇。一九八三年，在美國政府的壓力下，馬可仕同意於次年恢復舉行國會大選，並以保證艾奎諾人身安全下讓其返國參選，但艾奎諾卻在剛步下國門時，於馬尼拉機場被暗殺身亡。

這次的暗殺政敵事件引爆菲律賓民眾高度不滿，也引發國際輿論爭相撻伐，因此馬可仕不得不宣布於一九八四年舉行總統大選，這次反對黨人士推舉艾奎諾的遺孀參選，外界也預測在菲律賓人心思變下，艾奎諾夫人終將獲勝，但馬可仕卻以做票舞弊方式，以一百五十萬票的優勢贏得選舉，這讓一百萬菲律賓人走街頭，要求驗票並重新選舉，同時軍方的副參謀長羅慕斯也宣布倒戈，參與民眾包圍馬拉坎南宮，許多內閣要員也紛紛離職，在此情況下馬可仕只能宣告下台，並依美國的安排流亡夏威夷。

當菲律賓軍民衝進馬拉坎南宮時，赫然發現總統府內竟有三千多雙名貴女鞋，其中不乏來自義大利手工訂做的名牌鞋。原來馬可仕夫人，也是前菲律賓小姐伊美黛，不但生活奢華還有蒐集各國名鞋的嗜好，在一個全國有超過半數屬於赤貧人口的國家，領導者竟然如此揮霍無度，於是艾奎諾夫人在就任總統之後便保存這些鞋子，設立一座「伊美黛鞋子博物館」，以紀念這段不堪回憶的歷史。

原以爲獨裁的馬可仕下台，菲律賓應該就可以步入政治常軌，重新回到過去經濟大

菲律賓前總統馬可仕與妻子伊美黛。

國的榮光。但是卻在菲律賓人崇拜政治世家、熱愛明星光環及不記恨的傳統下，讓菲律賓進入另一場經濟災難。

菲律賓從來就不是個中央集權國家，而是由許多地方世家所主宰，這些散落在全國各地的地方世家，不但壟斷經濟大權，也掌控了政治資源。然而，菲律賓人對於這些地方世家不但絲毫不排斥，反而有一種莫名崇拜的心理，因此在菲律賓民主化之後，菲律賓的歷任總統皆來自地方的政治世家，例如菲律賓戰後最有名的總統拉蒙·麥格塞塞，便是出身呂宋島西部三描禮士省的政治世家，艾奎諾則是出身奎松市的政治世家。

而在世襲政治下，也讓菲律賓出現父女檔及母子檔的總統，例如馬嘉柏皋及艾若育；艾奎諾夫人與艾奎諾三世。在地方世家長期壟斷政治的情況下，讓這些政二代出身的總統，頻頻傳出政治醜聞及緋聞。例如艾若育執政時期，他的先生麥可不但時常干政，還屢次接受廠商賄賂，而艾若育本人下台之後還因爲選舉舞弊被逮捕。艾奎諾三世執政時期並無顯著政績，最大新聞便是與韓國女主播傳出緋聞，另外他處事輕佻，當多位香港觀光客在馬尼拉遭到警察綁架不幸身亡時，他在開記者會時竟然面露微笑，這種不重視人命的態度也引發國際媒體撻伐。

另外，菲律賓人不但崇拜政治世家，還喜歡大明星，他們常常把票投給具有高知名度的影視明星，而不管他們的能力如何。菲律賓前總統艾斯特拉達便是一個有名例證。艾斯特拉達過去是菲國家喻戶曉的電影明星，他在電影當中常常扮演出身中下階層，但卻勇於行俠仗義的角色。當他投身選舉時，菲律賓人對他如癡如狂，彷彿他從政之後就會成爲正義使者的化身。

但是事與願違，艾斯特拉達當上總統後不但毫無治國能力，還屢屢傳出貪汙醜聞，並因此遭到國會彈劾，而艾斯特拉達竟以政治力介入，讓國會停止對他的彈劾，這引發菲國人民的示威抗議（史稱白色革命），讓他不得不被停職。最後他因貪汙高達八千萬美元被判終生監禁，直到艾若育總統上台後才特赦了艾斯特拉達。

《私法拘留》：訴說菲律賓底層人民悲歌

艾斯特拉達出獄後仍然無法忘情政治，但菲律賓人民卻相當健忘。二〇一〇年，他再次投入總統大選，最後雖敗給艾奎諾三世，但竟然還能得到將近一千萬張（二七％）的選票，之後他又於二〇一三年參選大馬尼拉市長，這次菲律賓人終於還他「公道」，讓他擊敗政績相當耀眼的市長林雯洛，重新回到政界，這也難怪菲律賓政治常常被搞得烏煙瘴氣。

菲律賓人健忘之事還不只這樁。一九八九年，流亡海外的獨裁者馬可仕在夏威夷過世後，馬可仕家族於一九九一年獲准回到菲律賓，而菲國人民竟不計前嫌，讓他們從家鄉北伊羅戈省出發，一一重新回到政治舞台，如馬可仕那位高調奢華的遺孀伊美黛，她於二〇一〇年當選眾議員，之後便一直連任至今；他的女兒艾琳於二〇一〇年當選北伊羅戈省長也連任至今；他的兒子小馬可仕政治成就最高，於一九九一年當選眾議員，一九九八年選上北伊羅戈省長，二〇一〇年當選參議員，二〇一五年更參選副總統，只以些微差距落敗。

菲律賓每任總統上台都口口聲聲說要打擊貪汙，最後卻都深陷貪腐當中而無法自拔。二〇一四年，有位菲律賓女商人在逃亡多年後向菲律賓政府自首，揭穿菲律賓政客將原本要補助改善貧民窟建設的費用，透過白手套將所有錢轉入他們的私人帳戶當中，最後竟查出有二十個參議員、一百個衆議員、四位現任閣員、兩位總統親信牽涉其中。可見菲律賓官員的貪汙，已經成爲一種結構性共犯結構。

菲律賓官員貪汙腐敗惡習，讓我想起一部菲律賓電影《私法拘留》，這部電影是由菲律賓導演布里蘭特．曼多薩所執導，他的作品長期關懷菲律賓底層社會人民的生活，他曾經拍攝《情慾按摩院》《男孩看見血地獄》以及描述菲律賓颱風災區的《塔克洛班的困境》等影片，並贏得許多國際影展大獎。曼多薩的作品有一個特色，就是故事經常都是在黑夜中發生，因爲許多腐敗都在黑暗中孳生。

《私法拘留》是敘述羅莎與她的先生內斯特，在馬尼拉貧民窟開了一家小雜貨店，由於生意不好，還得撫養四個小孩，於是爲了生計便偷偷賣起毒品。有一天，因爲鄰居通風報信，菲律賓警察突然衝到他們的小店，一陣翻箱倒櫃之後查出毒品。

當時愛錢的警察，給了羅莎三條路：蹲監獄、供出上游源頭，或是交出二十萬比索的保護費。羅莎雖然同意供出上游，但由於上游繳的保護費不夠，警察要羅莎補足差額。他們一時沒有那麼多錢，於是警察繼續讓羅莎夫妻當人質，要求他們四個小孩分頭籌錢，老大去親戚家借錢，卻飽受白眼，老二則變賣家中唯一値錢的電視機，老三則以性關係換取現金。

菲律賓底層的生活狀態，政治的腐敗以及遲來的正義，是這部電影的三條主軸，而在這部電影中羅莎是一個典型菲律賓女性，強勢而有主見，先生只是一個追隨他的人，飾演羅莎媽媽的菲律賓女星賈桂琳．荷西，因爲展現在對錯之間痛苦掙扎的生動演技，得到第六十九屆坎城影展最佳女主角。

一百二十年前，年僅三十五歲的菲律賓國父黎剎在即將就義之前②，曾經在《永別了，我的祖國》這首訣別詩中寫道：「我將去之國，沒有暴君也沒有奴隸，那裡親善和睦，一切統於上帝。」而現今的菲律賓，似乎早已不是他的理想國。

②：一八九六年十二月三十日被西班牙殖民當局處決。

15 伊朗與美國：從盟友到反目成仇

我越是逃離，卻越是靠近你。我越是背過臉，卻越是看見你。

——《一千零一面鏡子》

談到伊朗，大家首先會想到什麼？流氓國家、核子武器、宗教狂熱，還是恐怖主義？其實這些既定的刻板印象，都是美國霸權文化主義下所產生的偏見，伊朗是一個擁有數千年歷史的波斯文明的古國，人民熱情好客，同時還是中東最有名的「詩國」。波斯人崇尚詩歌，而波斯文的旋律優美、注重平仄，因此有中東的「法文」之稱。

自從十世紀以來，伊朗便詩人輩出，位於中部的古城設拉子還有「詩人之鄉」之稱。古波斯詩人菲爾多希便是以此地為靈感，創作了著名的史詩之書《列王紀》，而伊朗近代兩大詩人哈菲茲及薩迪，他們一生中大部分時間也都在此地，死後的陵寢都在設拉子，其所有主要街道更都是以詩人為名。

在這個以阿拉伯文為主流的中東地區，波斯文彷彿是化外之地，但詩歌卻讓波斯文成功抵禦阿拉伯霸權文化，塑造出波斯文的獨特之美。而在現實政治中，在以遜尼派為多數的阿拉伯世界，伊朗的什葉派政權顯得格外渺小與突兀，這讓伊朗一直在遜尼世界及美國霸權的夾縫中，試圖走出一條屬於自己的路。

現今的伊朗曾經名列美國政府眼中三大流氓國家之一（另外兩個是北韓及伊拉克），伊朗不但反美、反以色列，還四處資助國際恐怖主義，更祕密發展核子武器，因此美國一直想要將其除之而後快。但卻有很多人不曉得，在過去很長一段時間，伊朗也曾經是中東國家當中最為親美的國家。伊朗是美國在中東政治勢力的橋頭堡，也是美國主要能源供應國，這也證明在國際政治當中，沒有永久的朋友，也沒有永久的敵人。

美國與伊朗深厚的情誼是建構在二次大戰之後。伊朗是中東地區人口僅次埃及的第二大國，也是全球第二大石油輸出國，再加上伊朗位處中東與南亞的橋樑戰略位置，讓伊朗成爲美蘇兩國兵家必爭之地。一九二一年禮薩．巴勒維上校發動軍事政變，推翻卡札爾國王建立巴勒維王朝，並改國名爲伊朗，當時美英等國爲了要維持在伊朗龐大的石油利益，便以提供大量軍事武器來扶植巴勒維王朝，讓伊朗成爲阿拉伯世界的軍事強國，而巴勒維爲了投桃報李，便施行一系列西化政策。

伊朗本是什葉派爲主的穆斯林國家，宗教領袖伊瑪目一直在民間享有相當高的聲望，所以巴勒維王朝的過度西化路線，自然引發伊朗內部宗教人士不滿，形成西化路線與民族主義兩派的路線之爭。一九五〇年，伊朗舉行首次民主選舉，結果由高呼民族主義的摩薩台當選爲伊朗總理。親蘇聯的摩薩台上任之後開始進行漸進式的社會主義改革，並將伊朗石油公司收歸國有，此舉引發美國等西方國家恐慌，這意味美國將喪失在伊朗龐大的石油利益，同時蘇聯也可以透過控制伊朗，取得南向波斯灣的出海口。

於是在一九五三年，在美國中央情報局及英國軍情六處的聯合策畫下，發動一場軍事政變（又稱阿賈克斯行動），推翻民選的摩薩台政府，並重新迎回了親西方的巴勒維國王。

過度親美，宗教領袖試圖修正

美英此舉種下日後爆發反西方革命的禍因。巴勒維重新執政之後，首先便將伊朗石油公司私有化，讓英美等國家的石油公司得以重新掌控伊朗龐大的石油利益。

而巴勒維爲了要進一步維持權力的穩固，於一九六三年發動「白色革命」，依照美國的藍圖，來爲伊朗進行政治、經濟及社會的全面性改革。在政治上，容許非穆斯林者可以擔任官職；在社會上，解放婦權，讓伊朗婦女擁有投票權，當時在德黑蘭的街道上隨處可看到穿著洋裝的婦女；在軍事上，與美國簽署軍事協定，美國在伊朗境內設立多處軍事基地，還擁有治外法權。

巴勒維過度親美的政策，讓伊朗成爲西方國家的附庸國，打破過去穆斯林的戒律，讓伊朗淪爲世俗的伊斯蘭國家，開始引發伊朗國內宗教及衛道人士的反擊。什葉派宗教領袖何梅尼，便是主要反對者。

在過去，伊朗的宗教領袖雖不介入政治，但卻一直扮演指導及矯正角色，而一般伊朗人民對宗教領袖也相當尊重，因此伊朗什葉派教長總能在關鍵時刻演出臨門一腳。例如在一八九〇年，伊朗教士便發動大規模示威抗議，迫使伊朗政府終止將菸草事業交由英國公司經營，而此舉在當時被視爲什葉派教士對抗西方殖民主義的先鋒。

前伊朗最高領袖何梅尼

自從一九二〇年親西方、反教權、走世俗化路線的巴勒維政府上台後，由於當時巴勒維的改革僅局限於經濟層面，因此伊朗宗教人士便一直是採取守勢，直到一九六三年巴勒維發動「白色革命」，試圖將伊朗徹底轉型爲世俗化的伊斯蘭國家，這嚴重影響宗教人士的生存權，而以何梅尼爲主的什葉派教長們便開始進行一連串反擊行動。

何梅尼首先聯合八名教長發出連署聲明，要求巴勒維立即停止白色革命的公投，同時譴責此舉是違法憲法、破壞道德，更是向美國、以色列低頭的舉動，但巴勒維不但不聽勸阻，反而命令軍警將何梅尼逮捕並加以軟禁，這是伊朗首次有宗教教長被政府拘捕的事例，有政治干預宗教之嫌。因此，當消息傳出之後便引發全國大規模暴動，巴勒維只好將何梅尼流放至土耳其，開啓了何梅尼長達十四年的國外流放生涯。

到了一九七〇年代，由於國際間爆發一連串石油危機，導致伊朗出現通貨膨脹，也擴大內部貧富差距，而此時巴勒維也大量引進外來勞工，讓年輕人失業率急遽攀升，同時在政治上爲了要加強對人民的控制，巴勒維政府規定所有人都必須加入「民族復興黨」。經濟上為了抑制急遽惡化的通貨膨脹，巴勒維命令逮捕囚禁高價販售的商人，這引發伊朗人民的高度不滿。

而在何梅尼背後指使，以及宗教人士的加入下，伊朗國內的示威暴動日漸擴大，在一九七九年初，伊朗各大城竟有高達七百萬人加入反巴勒維的抗議活動，這讓巴勒維不得不宣布退位，並於當年一月十六日在美國政府保護下，以治療淋巴癌的名義流亡到美國。該年二月一日，當時高齡七十六歲的何梅尼正式回到伊朗，全國有數百萬人到機場迎接，此後伊朗遠離美國，成為一個名副其實的政教合一國家。

何梅尼執政後以神權之名的意識形態進行極權統治，他首先將國名改為「伊朗伊斯蘭共和國」，終結伊朗長達數十年的君主體制，成為一個以教領政的國家。在這個體制下，伊斯蘭什葉派教長擁有最高政治權力，也有至高無上的道德權威，更是人民公共生活的最高準則。而民選的國會及政府首長，則只擁有部分政治權力，他們所有施政都不能違背伊斯蘭教條與戒律。

其次，何梅尼採用《沙里亞法》（一種伊斯蘭激進派的律法），成立伊斯蘭革命衛隊管制人民的服裝與行爲，男子不准穿短褲及喝酒精性飲料，女子外出必須著黑色頭巾遮掩頭髮，電視台及電台除軍歌及宗教歌曲之外不准播放其他音樂，西方電影也禁止輸入，各級學校的課程皆由「伊斯蘭委員會」統一制定。

中東霸權爭奪戰：從兩伊戰爭到發展核武

然而，何梅尼上台後，美國與伊朗之間的恩怨並未就此終結，反而持續擴大。有大批伊朗抗議民眾遊行到美國駐德黑蘭大使館，要求美國交出貪汙腐敗的巴勒維國王，並交由伊朗人民公審，同時在何梅尼視美國爲「伊斯蘭最大公敵」的號召下，在一九七九年十一月四日，有五百名自稱「伊瑪目門徒」的伊朗大學生，跨越了門禁衝進美國大使館，挾持六十六位美國使館人員，引發美國與伊朗之間的高度緊張關係。

伊朗要求美國能夠遣返巴勒維國王，並保證不再干預伊朗內政，而美國一方面透過瑞士等第三國與伊朗進行談判，一方面則祕密進行「鷹爪計畫」營救行動，但最後卻因爲運輸機在伊朗境內墜毀，事跡敗露宣告失敗。這些人質總計被挾持長達四百四十四天，直到一九八一年一月二十日，美國新任總統雷根就職前夕才被釋放，史稱「伊朗人質危機」。

此外，美國爲了要對抗伊朗，便支持鄰國伊拉克的海珊，並鼓動海珊於一九八〇年對伊朗發動戰爭，這便是史上有名的「兩伊戰爭」。伊拉克與伊朗雖爲鄰國，但伊朗主要以什葉派爲主，而伊拉克則是遜尼派爲多數，雙方長久以來便有宗教上的矛盾及領土上的爭議，再加上伊拉克海珊剛上台，他希望利用伊朗革命之後與西方國家不睦的時機，占領波斯灣沿岸油田以在中東地區稱霸，於是便接受美國軍事資助，大舉發動對伊朗的戰爭。兩伊戰爭打了八年，花了將近四千億美元，雙方互相攻擊對方的油田，讓兩大中東石油生產國的經濟陷入前所未有的危機。

一九八九年六月，伊朗最高宗教領袖何梅尼過世，但伊朗與西方國家間的關係卻沒有改善。從一九九〇年開始，伊朗便祕密發展核子武器，並於二〇〇三年宣布成功提煉出濃縮鈾，此舉引發美國、以色列等國家恐慌，聯合國於二〇〇四年開始對伊朗進行一連串經濟制裁，並凍結伊朗的海外資產，而以色列更是感覺芒刺在背，不但發射長程導彈炸毀伊朗核子設施，同時也多次派遣特務潛進伊朗境內，用炸彈暗殺伊朗核武研發人員，以縮短伊朗核武研發的進程。

美國爲了解決伊朗核武危機，便於二〇〇六年與中國、俄羅斯、英國、德國及法國組成六國會談，與伊朗進行協商與談判，而二〇一三年溫和派的羅哈尼當選伊朗總統之後，便積極改善與西方國家的關係，在經過多年的漫長會談，終於在二〇一五年六月達成協議，伊朗同意終止發展核武，並接受國際原子能總署的入境檢查，聯合國也同意解除對伊朗長達十餘年的經濟制裁，而美國也於二〇一六年一月與伊朗恢復外交關係，結束美國與伊朗長達四十年的敵對關係。

二〇一二年上映的電影《亞果出任務》，便是在講述一九七九年伊朗人質危機的故事。此片是依據眞人眞事所改編，劇情敘述美國中央情報局幹員假扮成拍攝電影的工作人員，成功潛進伊朗境內解救人質。當時被挾持的六十六位人質當中，有六位成功逃脫並躲進加拿大使館，而當時中情局幹員東尼·門德斯的任務，便是要負責解救這六位外交人員。

在這部片中，如實地描繪出當時伊朗動盪不安的景象，街上到處都是抗議示威的群眾，被放火燒毀的汽車，每個街角都有荷槍實彈的士兵，載著武裝軍人的卡車四處奔竄，大街上可瞥見被吊車處死的白人。而當時美國總統卡特也因爲這次的人質危機，在解救人質的不力以及人質問題歹戲拖棚痛失連任總統機會。

這場人質危機，種下了美國與伊朗長達四十多年的敵對關係。伊朗雖是石油輸出大國，卻因爲西方經濟制裁而失去與國際社會的貿易機會，讓

《亞果出任務》男主角班．艾佛列克（右）與東尼．門德斯。

國內民生經濟凋敝，淪爲中東地區末班生，這也難怪伊朗前總統巴尼薩德爾會說：「我們挾持美國使館人員爲人質，但我們卻成爲美國的另一個人質。」

伊朗詩人薩羅希在他的作品《一千零一面鏡子》中寫道：「我越是逃離，卻越是靠近你。我越是背過臉，卻越是看見你。」這無疑是美伊兩國最佳寫照。

亞果出任務
上映年分：2012（台灣）
發行：華納兄弟

16 柬埔寨，貧窮與美麗共生

千萬小心！柬埔寨絕對是你所能踏足的最危險之地。你會愛上柬埔寨，然而到頭來這地方也將令你心碎。

——美國前駐柬大使慕索梅利

一九九九年七月六日，柬埔寨知名女影星裴莉卡帶著七歲的姪女，在金邊市的俄羅斯商城購物時遭到一位不知名男子持槍射殺。裴莉卡在送醫急救一週之後仍然不幸身亡，而在她出殯時竟有數萬民眾參加，堪稱柬埔寨近代史上最大規模的葬禮之一。之後裴莉卡的私人日記被人揭露，她與柬埔寨當今的政治強人洪森有長期的婚外情關係，並多次透露生命遭到威脅，因此有人直指總理夫人文拉妮才是幕後的教唆人，自然這樁謀殺案就在政治勢力的介入及掩蓋下，不了了之。

這只是一樁謀殺案，然而在多災多難的柬埔寨，過去還曾經發生一起史無前例的大屠殺。四十年前，由波布所領導的紅色高棉（又稱赤柬，下文以此稱呼代之）統治柬埔寨，在短短的三年八個月之內屠殺了兩百萬人，之後在國際組織的協助下，在全國將近九千個濫葬崗當中挖出一百五十萬具骨骸，而當時柬埔寨人口只有七百萬人，這是二十世紀最血腥的大屠殺之一。主導屠殺的兩位赤柬高幹農謝及喬森潘，卻遲遲在三十五年之後才被判無期徒刑。

當今的柬埔寨，雖然是只有一千多萬人口的小國，但在過去卻擁有一段輝煌的歷史。在一千年前，由闍耶跋摩二世所建立的吳哥王朝時期（八〇二至一四三一，又稱高棉帝國），在這六百多年間柬埔寨曾經是東南亞最大強國，領土遍及當今的越南、寮國及泰國等地，而首都吳哥人口更多達一百多萬，是當時全球最大城市之一（即當今吳哥窟遺址）。

在人口大量增加下，必須不斷砍伐森林，開墾農田，導致水土流失，造成洞里湖水的枯竭，在乾旱及內亂的充斥下，造成吳哥王朝逐漸衰微。一四三一年鄰國的暹羅入侵柬埔寨，攻破了首都吳哥，王朝宣告滅亡，柬埔寨進入外族統治時期，當時柬埔寨被畫分為二，靠近洞里湖的上高棉由暹羅所統治，而近湄公河口的下高棉則由越南所占領。到了十九世紀，西方列強入侵中南半島，柬埔寨又再次淪為法國的殖民地，直到一九五三年才宣告獨立。

但柬埔寨獨立之後，外國勢力的干預卻仍未停歇。在法國政府的扶植下，柬埔寨王族的後裔施亞努成為獨立後柬埔

柬埔寨王國前國王施亞努。

寨王國的首任國王，施亞努雖然受過西方教育，但個性優柔寡斷，政治立場搖擺，一九六〇年代中期越戰爆發之後，美國、蘇聯及中國的勢力開始進入中南半島，在外國勢力的干預下柬埔寨爆發內戰，一九七〇年親美的龍諾將軍發動軍事政變，推翻施亞努政權，成立高棉共和國，而親中、親共的施亞努，便在毛澤東的保護下自此流亡中國北京。

施亞努是柬埔寨的悲劇國王，他一生中三次上台、三次被罷黜，大多數時間都流亡中國，最後也於中國病逝，把中國當成是他的第二個祖國，當然他也成為中國控制柬埔寨的一顆棋子。施亞努個性浪漫、生活奢靡，他娶了六任妻妾，育有十四名子女，根據美國前國務卿貝克的回憶錄，他親眼看到僕役為施亞努倒上一杯香檳，但施亞努卻轉身將香檳倒給他的愛犬喝，可想見他生活的奢華無度。

中國撐腰，柬埔寨共產黨「赤柬」成立

親美的龍諾將軍上台後，同意南越及美國軍隊駐防柬埔寨，將越戰戰火蔓延至

柬埔寨，這引發國內反對的不滿聲浪，因此在中國的支持下，在柬埔寨鄉間開始出現反政府的共產黨游擊隊「赤柬」，他們以鄉村包圍城市策略，與美軍及政府軍相互對抗。一九七五年在越戰終止之後，美軍開始撤離越南及柬埔寨，此時赤柬勢力便趁虛而入，在中共大力支持下攻進首都金邊，龍諾將軍只好倉促宣布下台，流亡美國。獨立之後的柬埔寨，似乎成為美中政治角力的園地。

赤柬政府能夠取得政權，施亞努的支持功不可沒，他與赤柬成立統一戰線，讓赤柬贏得廣大人民支持，但當一九七六年流亡中國多年的施亞努返回柬埔寨之後卻隨即遭到軟禁。另外，赤柬雖為共產黨政權，也是由中國所支持的政權，但卻實施比共產黨還要極端的政治路線。赤柬廢除所有貨幣，實施配給制度，並將所有人民趕至鄉間進行集體務農，同時藉屠殺知識分子以控制政治思想，意圖讓柬埔寨一切回到「世紀零年」，重新再開始。

據統計，在赤柬執政的三年八個月期間，造成柬埔寨全國三分之一的人民被屠殺，當時柬埔寨失去了九五％的醫師，以及八〇％的學校老師，是二十世紀以來最血腥暴力的政權，連當時強力支持赤柬政權的施亞努都在毛澤東的積極保護下才能逃過死劫，但是施亞努的家人卻沒有這麼幸運，他有五個兒子、十四個孫子，慘遭赤柬殺害。

赤柬隨意濫殺無辜人民，連在柬越邊境的越南人也遭毒手，引發越南政府不滿，同時赤柬為了要收復湄公河下游失地，也與越南爆發多次武裝衝突，於是越南便在蘇聯的支持下，於一九七九年出兵柬埔寨，在赤柬大失人心下越軍順利攻占首都金邊，並成立親越的魁儡政權，直到一九八九年在國際的壓力下，越南才陸續從柬埔寨境內撤兵。

越南撤兵之後讓柬埔寨出現一線和平曙光。一九九一年，由美國、法國、中國及越南四國在巴黎簽署《柬埔寨和平協定》，在聯合國主導下成立政權和平過渡轉移委員會，由施亞努國王擔任最高委員會主席。一九九三年，柬埔寨舉行獨立後首次民主選舉，施亞努的次子諾羅敦．那拉烈所領導的「奉辛比克黨」贏得勝利，但卻未能得到過半席次，因此便與洪森所領導的「人民黨」組成聯合政府，由那拉烈擔任第一首相，而洪森擔任第二首相兼柬埔寨王軍聯合總司令。在君主立憲制的精神下，由施亞努擔任國王，成爲名義上的最高領袖。

洪森具有華人血統，父親是來自廣東潮州的華人。洪森年幼失學，十三歲便加入赤柬的游擊隊，他驍勇善戰，在短短三年之內從一個小兵升到團長，而他曾經在一場戰役失去左眼，因此有「獨眼將軍」之稱。洪森是個政治野心家，他個性搖擺狡猾，善於見風轉舵，當他看到國際間開始圍剿赤柬時，便轉而帶兵投靠越南，成爲對抗赤柬的一名重要領袖。

因此，那拉烈找洪森共同組閣無疑是一個引狼入室的行爲。那拉烈個性自大、自我意識強烈，自然與洪森在政策問題上出現巨大分歧。那拉烈雖然有父親施亞努當靠山，但是洪森也並非吳下阿蒙，他掌控兵符大權，一九九七年洪森趁著施亞努訪問中國之際發動軍事政變，摧毀奉辛比克黨總部，解除那拉烈第一首相的職位並被迫流亡海外，在掃除執政的最後一道障礙之後，開啓洪森長達三十年的獨裁政權。

洪森推翻親中的那拉烈政府，頓時讓中國失去影響柬埔寨的一顆活棋，自然引起中國不快。中共開始對洪森政權進行一連串文攻武嚇，除了將洪森與伊拉克海珊、利比亞格達費等獨裁者相提並論之外，還威脅撤離對柬埔寨的經濟援助，但是當洪森於一九九八年及二〇〇三年接連兩次贏得國會大選之後，中國便轉而與洪森政權交好，開始進行中柬關係正常化。二〇一〇年洪森訪問中國，簽署《中柬全面性戰略夥伴關係協議》。外交上沒有永遠的朋友，也沒有永遠的敵人。

貪汙風氣盛，警徽也可賣

然而，柬埔寨好不容易擺脫大屠殺陰影，卻陷入另一場貪汙腐敗的貧窮當中。洪森爲了要鞏固自己的政治權力，便將所有經濟資源分配給自己的親信及親友，造成柬埔寨貪汙受賄風氣盛行。在柬埔寨，不但入關要給海關一筆小費才不會受到刁難，就連街上的警察，如果你有興趣他連警徽都可以拿來變賣。

而洪森個人相當崇拜英國的爵士，因此他也自封「爵士」，在這個「爵士」頭銜下所有人要與他見面餐敘，都有一定的公訂價格，例如十萬美元可以坐在第一排，第二排要五萬美元，兩萬美元則坐在第三四五排。洪森有一句名言：「貪汙是不會出人命的。」柬埔寨雖然貪汙橫行，但這幾年經濟卻也快速發展，這也見證柬埔寨人民在歷經赤柬大屠殺之後的無奈心情。

洪森也與台灣有一段淵緣。竹聯幫精神領袖陳啓禮在一九九六年遭到台灣警方通緝之後選擇到柬埔寨定居，並在大筆金錢的賄賂下，與洪森個人建立相當密切的關係。因此，陳啓禮在柬埔寨可以擁有私人全副武裝的保鑣與護衛，但有一次陳啓禮在記者面前展示大量各式槍械後，卻反而踩到洪森的政治「紅線」，隨後便遭到柬埔寨當局逮捕，以私藏槍械罪名入獄服刑一年。可見洪森的喜怒無常。

洪森執政三十多年以來，柬埔寨的人民貧窮依舊，但洪森家族卻早已富可敵國，成爲一個名副其實的商業帝國。根據國際反貪腐組織「全球見證」的統計，目前洪森家族下的二十七個成員，經營一百一十八家大小企業，橫跨十四種行業，總資產高達二億美元以上，是柬埔寨一年國民生產毛額的十分之一。而洪森也對於打擊異己不遺餘力，二〇一六年七月，便有一位柬埔寨知名評論家甘磊在報導洪森家族腐敗內幕之後，光天化日之下於便利商店門口遭到槍殺身亡，這也難怪柬埔寨人只能噤若寒蟬，這讓我們不禁要問：哪裡才是柬埔寨人的自由之路？

電影《通往自由之路》（*The Road to Freedom*），便是要向世人喚醒一九七〇年代赤柬大屠殺的歷史記憶。這部影片由從小在柬埔寨長大的美國導演莫里亞提執導，眞實故事改編，劇情描述一位好萊塢老牌影星艾羅爾．弗林的兒子西恩，他放棄了演員生涯改從事攝影記者，爲了揭發赤柬屠殺百萬人民的眞相和搭檔達娜．史東前往柬埔寨叢林，爲《時代》雜誌做專題報導，但卻不幸失蹤的故事。據信他們

柬埔寨首相洪森。

是在越柬邊境被越共游擊隊逮捕之後，轉交給赤柬，在被監禁一年後慘遭殺害。

莫里亞提從小便聽母親講述失蹤記者的故事，但是在柬埔寨，甚至在世界上卻有很多人不知道這個故事，而他拍攝這部電影就是要世人了解他們的事蹟。在片中，我們看到赤柬以割喉、鑽腦及活摔嬰兒等酷刑，殺害了兩百萬柬埔寨人民，也許對當今許多柬埔寨年輕人來說早已不復記憶，但是對於年過五十，歷經過大屠殺的柬埔寨人，卻猶如一道「新鮮的傷口」，記憶猶新。

蘇聯前領導人史達林曾經說過：「殺一個人，是犯謀殺罪；但殺幾十萬人，就只是統計數據了。」而柬埔寨人卻同時歷經過去赤柬的大屠殺，與現今洪森的政治謀殺。

第4部
移民與邊境問題

17 失根的蘭花：東南亞華人的漂泊與哀愁

我不需要親自動手，我只要使個眼色，他們就死了！

——《殺人一舉》

台灣是小國，但是自過去以來，台灣的眼中卻似乎只有大國。君不見，馬英九執政時期提出「親美、和中、友日」的外交政策，彷彿美國、中國與日本，就是台灣對外關係的全部。大家都知道日本、韓國是我們的北方鄰國，但又有誰想起菲律賓也是我們的鄰國呢？因此，蔡英文政府上台之後提出「新南向政策」，試圖導正台灣人一向只往北看的習性，也呼籲大家多重視我們南邊的「小」鄰居。

其實東南亞並不小，東協十國有多達六億人口，而且最重要的是，東協是全球人口結構最年輕的經濟體，十國的平均年齡不到二十七歲，柬埔寨更只有二十一歲，還有高達三分之二的人口不到三十五歲，對照起中國的三十四歲及日本的四十歲，東南亞著實充滿著豐沛的人口紅利①。

台灣直到現在才想到要南向，但是早在百年以前，華人就已經南向發展了，他們跟隨鄭和下西洋的足跡，紛紛從福建、廣東沿海，飄洋過海到菲律賓、馬來西亞、泰國及印尼等國，至今東南亞十國的華人總數高達二千六百萬人，比台灣的總人口數還多②，菲律賓約一百一十二萬人，泰國約七百一十九萬人，馬來西亞約六百零四萬人，印尼約七百三十六萬人。由於當地國推行同化政策，這些華人大多被迫改名換姓，因此單從姓名或許無從分辨。

另外，這些分散在東南亞各國的華人也形成一種特有的群聚效應，如呂宋島、蘇門答臘、新加坡及泰國的華人主要來自福建，大多說閩南語；馬來半島及越南華

①：指一個國家的勞動年齡人口占總人口比重較大，撫養率比較低，為經濟發展創造了有利的人口條件。

②：根據內政部一〇五年十月統計資料，台灣總人口數約二千三百五十三萬。

人則來自廣東，說粵語；爪哇及婆羅洲華人則來自梅縣潮州，講客家話。這些華人大多會說當地語言及母語，但是隨著移居時日漸長，許多第三代及第四代年輕人大多已經完全被同化不會講母語了。只不過，從每年農曆過年時的祭祖及舞龍舞獅當中，仍能些許顯露華人遺緒。

在華人傳統勤奮美德下，這些離鄉背井的華人逐漸掌控東南亞各國經濟命脈，進而成為各國商業巨擘，有許多人還是大家都耳熟能詳的，例如印尼三林集團的創辦人林紹良，以賣花生油起家，之後再拓展到房地產等七十多種產業，他從九〇年代起便獨占華人首富寶座十多年。而靠賭場業崛起的馬來西亞第三大富豪林梧桐不僅是雲頂集團創辦人，也成立麗星郵輪，他的雲頂樂園是國人到馬來旅遊的必去之地。當今泰國首富正大集團謝國民，則是以農畜產業為主體，他旗下的卜峰集團是東亞地區最大的農產公司。

根據統計，二〇一六年馬來西亞前十大集團當中，有八家是由華人所創辦的，泰國前十大富豪則有六位是華人，而印尼前十大富豪則全部都由華人包辦。在過去，這些東南亞的華人億萬富豪，常常是台灣女星嫁入豪門首選，例如台灣六〇年代當紅女星白嘉莉，便嫁給印尼木材大王黃雙安；邵氏知名影星蕭瑤也嫁給印尼華僑富商。

東南亞華人的政治參與

華人善於經商，因此在東南亞出現華人富豪並不稀奇，但是在這幾年，東南亞卻出現幾位具華人血統的國家領導人，如菲律賓前總統艾奎諾三世、泰國前總理塔克辛和盈拉，以及在印尼被視爲政壇明日之星的雅加達特區首長鍾萬學，東南亞華人的影響力似乎已逐漸從經濟領域擴及到政治領域。

例如二〇一六年六月卸任的前菲律賓總統艾奎諾三世，他的母親柯拉蓉（也是前菲律賓總統）的祖先，便是來自福建的許寰哥家族，她還有個中文名字叫許娜桑。柯拉蓉在一九八八年擔任總統期間，首度訪問中國時還特地到福建泉州參訪她的祖父許尙志的故居，同時還到同安縣許家的家廟祭祖。但是她的兒子艾奎諾三世在擔任菲律賓總統時卻反其道而行，採「親美遠中」政策，並主張在南海問題對中國採取強硬、不妥協態度。在華人血統與當地國利益下，他們通常會選擇後者，這或許是因爲寄人籬下不得不的選擇。

另外，泰國前總理塔克辛也是出身廣東潮州的第四代華人，他的父親來自廣東潮州，母親則來自廣東梅縣，他還有個漢名叫丘達新。塔克辛家族四代皆從商，並靠著與泰國政府的良好關係，累積龐大資產。塔克辛家族開始邁入政壇是從塔克辛的父親洛特當選國會議員後，塔克辛在泰國警官學校畢業後便跟隨父親腳步邁入政壇，並比父親更上一層樓，歷任泰國外交部長及內閣副總理，並在一九九八年利用家族資金成立「泰愛泰黨」。

腦筋靈活的塔克辛把經商之道運用在政壇，他將目標鎖定在泰國人數眾多的農民身上，因此泰愛泰黨自詡爲替中下階層代言的政黨，他主張提高稻米價格，以改善農民的生活爲目標，因此獲得來自泰國東北部及北部廣大農民的支持，這讓泰愛泰黨初試啼聲便在二〇〇一年國會大選中獲得壓倒性勝利，一躍成爲國會最大黨，而塔克辛也成爲泰國第二十三屆總理。

塔克辛當選總理後，便大舉提高對農民的生活補貼，並改善農村的基礎設施，這讓塔克辛成爲泰國農民眼中的救世主，而在中下階層全力支持下，泰愛泰黨一舉在二○○五年的選舉當中獲得超過三分之二席次，塔克辛也成爲泰國戰後以來唯一當滿四年並連任的文人總理。

塔克辛在民間的高支持度讓原本的既得利益者，泰國皇室及軍方備感威脅，他們深怕塔克辛的華人背景將取代泰皇在人民心中無可取代的地位，進而影響到傳統泰族的統治基礎。於是在二○○六年，泰國

泰國前總理塔克辛。

軍人便以塔克辛涉嫌貪汙爲由，趁他出國參加聯合國大會時，發動軍事政變推翻塔克辛政權，並以取消塔克辛護照的方式讓他無法回國，開啓了塔克辛的流亡生活。

泰國軍方此舉引發泰國內部嚴重政治對立，由農民組成支持塔克辛的紅衫軍，開始從鄉間進入曼谷集結，並進行大規模示威抗議，而軍政府也不甘示弱，其支持者（大多是中產既得利益階級）也組成黃衫軍與之對抗，這便是之前泰國

支持塔克辛的泰國紅衫軍。

有名的「紅黃對抗」。一場軍事政變，竟演變成泰國的階級對立。

塔克辛雖然流亡海外，但他在泰國人民心中的魅力卻似乎未曾削減，縱使二〇〇七年五月三十日，泰國憲法法庭宣判泰愛泰黨在大選中舞弊罪名成立勒令解散，但部分黨員在泰愛泰黨解散後加入人民力量黨角逐新的國會大選，並取得一定席次。隨後人民力量黨遭泰國憲法法庭裁定在選舉中舞弊必須解散，原成員遂於二〇〇八年九月成立「爲泰黨」，由塔克辛的妹妹盈拉擔任黨魁，該黨在二〇一一年大選獲得勝選，盈拉成爲泰國第二十八任總理。但是不到三年時間，盈拉卻被泰國憲法法院以不當調動國家安全委員會祕書長爲由遭到罷黜，同時遭到軍方強制扣留，軍方隨後宣布戒嚴，並由軍事強人帕拉育繼任泰國總理，形成軍人推翻合法文人民選政府的畸形民主現象。

華人雖然長年在泰國紮根，也以和當地人通婚方式積極融入當地社會，但是他們在政治上仍然被當成異己。華人雖然掌控東南亞各國經濟大權，但是政治似乎仍是華人不可碰觸的「禁地」。

殺人一舉：一個劊子手的獨白

泰國曾出現以軍事政變方式推翻華人總理，但這並非東南亞政治圈排華首例。一九六五年印尼前總統蘇哈托就曾以掃蕩共產黨爲由，發動「九三〇」事件，以大屠殺方式進行排華，當時預估有超過三十萬華人被當成共產黨員而遭處決。一場印尼內部蘇卡諾與蘇哈托之間的軍事鬥爭竟把華人當成政治祭品，並用意識形態爲政治清洗工具，逐一將華人推向斷頭台。

「九三〇事件」讓衆多華人被迫離開印尼，到其他國家討生活，印尼華人猶如一朵失根的蘭花，在東南亞各國到處漂泊，而一直到現在印尼政府對於「九三〇事件」仍舊試圖遮掩，許多年輕一代印尼人幾乎都不知道此事，但它卻是東南亞華人心中永遠無法抹滅的傷口。

入圍二〇一四年奧斯卡最佳紀錄片的《殺人一舉》，便是以紀錄片方式，嘗試揭開發生在五十年前印尼「九三〇事件」的政治謎團。這部電影由美國導演歐本海默花了將近六年時間，訪問當時負責屠殺華人的印尼暗殺隊員，劇中沒有任何劇情鋪陳，也沒有華麗的場景陪襯，只有男主角安華剛果不斷陳述他殺人的心路歷程。

安華剛果是當時參與反共大屠殺的所謂「印尼民族英雄」之一，但在事後卻從未被印尼政府追究殺人責任，甚至他還一直認爲當時的殺人動機，只是爲了行使正義而不得不做的行爲，是爲了讓印尼人民過著更加美好的生活，那是

印尼前總統蘇哈托

一種純潔、高貴的行爲。

而他之所以願意加入歐本海默的拍攝工作，只因年輕時就一直混跡電影院，他想透過這次拍攝，讓自己成爲最佳男主角，只是這個主角是踩著許多人的鮮血所成就的。有人也許會問，一個劊子手的獨白有何可看性？然而，這部戲的最大賣點，在於導演的循循誘導，透過對話，如同一把剃刀層層理出事實眞相，也直搗被訪問者的心靈最深處。

所以當我們看到安華剛果一開始得意洋洋地講述殺人過程，就如同一腳踩爛螞蟻一樣簡單，但到了後來，在其他演員逼眞地演澤該如何折磨他飾演的「罪人」時，他說：「當年被我虐待的人，是否跟我在戲裡的恐懼感覺一樣？」導演回答：「不一樣吧，你知道自己在演戲，可是他們知道自己快死了。」安華剛果隨後小聲回覆：「應該是一樣吧，我有跟他們一樣的感受……」說完後，他竟然情緒崩潰地淚流滿面，久久不能自己，那是這部電影的最高潮。只是這樣的懺悔，是不是太遲了？

18 墨西哥，離天堂太遠、離美國太近

我們最大的悲哀，是離天堂太遠，但卻離美國太近。

——墨西哥前總統迪亞斯

各位讀者知道全世界最暴力的城市在哪裡嗎？答案是位於墨西哥北部的華瑞茲。

華瑞茲是位於美墨邊境的小城，隔著格蘭特河與美國德州的艾爾帕索遙遙相望，這座城市原本只是個默默無名的小鎮，卻在毒販間兇殘的火拚中一夕成名。光在二〇一〇年一年當中，華瑞茲就有三千六百二十二人死於兇殺案，其中八月分最多，有三百二十七人橫死街頭；二月分最少，但也有一百六十三人死在槍下。而在

二〇〇八年，華瑞茲有高達二千人死於幫派械鬥，墨西哥政府雖然派出一萬名聯邦警察進行掃蕩，但暴力犯罪仍然層出不窮。根據統計，從二〇〇六至二〇一二年間，華瑞茲共有六萬人死於非命，而在華瑞茲一百三十萬的人口中，每十萬人就有一百九十一個殺人犯，每十萬人就有二百七十二人死於兇殺案。華瑞茲堪稱名副其實的「暴力之都」。

四十年前，華瑞茲曾經是美墨邊境貿易最大受益者，在美墨自由貿易區下，許多美國大廠紛紛在華瑞茲設廠，它們利用墨西哥低廉的勞動力來降低成本，但是到了一九九〇年代，中國成爲世界工廠之後華瑞茲的產業便迅速外移，取而代之的是毒梟利用美墨邊境優勢，讓華瑞茲成爲美洲毒品的最大中轉站。

華瑞茲成爲暴戾之城，是從二〇〇六年開始。那年墨西哥總統卡德隆一上任，便發起一場「禁毒戰爭」，調派大批軍隊對毒梟老巢進行全面性的清剿，從此之後華瑞茲陷入前所未有的混亂當中，毒販與軍警冤冤相報，毒販與毒販自相殘殺，毒販與平民相互報復，到處充斥炸彈攻擊、斬首、屍首與仇殺，華瑞茲彷彿就是一個化外的「無主之地」。

自從一八一〇年墨西哥宣布獨立建國後，在美墨長達三千多公里的邊境下，注定墨西哥擺脫不了美國的宿命。一八三六年，在美國的策動下墨屬德克薩斯宣布獨立，成為美國的一州。一八四六至一八四八年爆發美墨戰爭，墨西哥不幸戰敗，割讓北部三分之一的領土給美國，成為美國的南方七州。一八五三年墨西哥為了賠償美國一千萬美元貸款，賠上西北方七萬平方公里的土地，成為美國加利福尼亞及亞利桑納州。墨西哥擺脫西班牙獨立之後，在美國帝國主義的侵蝕下，領土竟然不增反減，墨西哥以土地為美國帝國完成最後一塊拼圖。

美國從墨西哥獲得龐大的領土之後，逐漸成為一個橫跨大西洋及太平洋的大國，也成為美洲的唯一強國，並逐漸把中南美洲當成是自家後院，在鄰接的地理之便下，墨西哥自然成為美國勢力介入中南美洲的橋頭堡。在政治上，在「美墨全面性戰略夥伴關係」下，墨西哥追隨著美國的外交政策，成為美國在中南美洲的最堅定夥伴；在經濟上，在「美墨勞工協議」下，墨西哥龐大的人口成為美國主要勞工來源，美國利用墨西哥低廉的勞動力來發展經濟，再將產品大量傾銷到墨西哥，形成美墨之間一種不平等的經濟依賴關係。

美墨恩怨情仇

然而當超級霸權的鄰居並不是件幸福的事。這種不對等的依賴關係，逐漸拉大了美國與墨西哥之間的經濟發展程度，美國成爲墨西哥非法勞工爭相移民的天堂，而美墨邊境的格蘭特河，彷彿就是一條畫分先進與落後的界河，也是中南美洲非法移民進入美國的最前線，美國在邊境布下長長的圍籬與鐵網，邊境警察日夜不停的巡邏著，但是非法移民仍然利用地道、走私、夾帶等方式，不斷地湧進美國，每年有成千上萬人成功闖進美國，但也有許多人命喪邊境沙漠，美墨邊境彷佛是追求夢想的失樂園。

一九九四年，美國爲了要解決美墨邊境非法移民問題，便與墨西哥與加拿大簽署《北美自由貿易協定》，利用美國的核心技術、加拿大的豐富資源及墨西哥的豐沛勞力，來促進三國的經濟發展。在零關稅的優惠下，許多國際大廠紛紛到美墨邊境設廠，以取得進入美國龐大市場的門票。在國外資金源源不絕地湧入下，讓墨西哥北部鄰近美國的下加利福尼亞州、奇瓦瓦州、索諾拉州、科阿維拉州及新萊昂州成爲墨西哥的「金磚五州」，也讓美墨邊境的華瑞茲、諾加萊斯及莫斯考利，從沙漠的小鎮一躍成爲繁華的大城，美墨邊境不再是荒涼、落後的代名詞，而是墨西哥頭頂上的一顆璀璨明珠。

但好景不長，到了二〇〇〇年之後隨著美國經濟衰退，及中國快速崛起，讓國際貿易開始東移。中國挾著龐大人口及更低廉勞力，逐漸取代墨西哥的優勢，許多外國企業紛紛撤離墨西哥邊境往中國南方設廠，這讓墨西哥經濟陷入前所未有的衝擊，美墨邊境貿易也大受影響，邊境城市失業率大幅提高，埋下社會不穩定的因子。

就在此時，哥倫比亞政府大力掃毒，許多國際販毒集團紛紛轉移到墨西哥，利用美墨邊境優勢，把邊境城市當成運送毒品的轉運站，而墨西哥本地的毒梟也開始崛起，紛紛在華瑞茲、莫斯考利等邊境大城設立據點、建構網絡，毒梟適時塡補了企業外移的空缺，墨西哥邊境城市又再次璀璨登場，只是過去是邊境貿易，這次是邊境販毒。

自從一九六〇年代以來，在得天獨厚的氣候下，哥倫比亞、玻利維亞及祕魯一直是中南美洲最大的毒品生產國，這三國稱之爲美洲的「金三角」，與亞洲的寮國、緬甸及泰國邊境齊名，而古柯鹼葉採收之後，通常會送到美洲最北部的哥倫比亞進行加工分裝，古柯鹼、大麻及海洛因等三大毒品，全都匯集於哥倫比亞首都波哥大，之後再將成品轉輾運送到墨西哥，利用美墨長達三千公里的邊境，從陸路走私進入全球最大的毒品消費市場——美國，在當時，墨西哥扮演著毒品轉運中介的角色。

當時創立這條毒品走私捷徑的，便是哥倫比亞大毒梟巴布羅．艾斯科巴，他創立了麥德林集團，利用在祕魯及玻利維亞採購、哥倫比亞加工、墨西哥運送的模式，快速累積了富可敵國的財富，據說一天便可賺進五百萬美元，這使得他的麥德林集團曾經在一九八九年的富士比排行當中名列全球第七大富豪。艾斯科巴竄起的傳奇一生，還曾經被美國拍成電視影集《毒梟》。

致富之後的艾斯科巴，開始以賄賂方式收買哥倫比亞的政客、法官及警察，並在幕後操縱著哥倫比亞政壇。在一九八九年哥倫比亞大選中，有一位總統候選人路易斯．加蘭，因爲支持將毒販引渡至美國受審而遭到他的暗殺，此外他也曾經爲了要暗殺某位政客，在飛機上放置炸彈，活活炸死一百多名乘客。另一方面，艾斯科巴卻積極從事慈善事業，也支持棒球、足球等體育活動，在農村大量興建體育

哥倫比亞大毒梟
艾斯科巴。

場，及捐助貧農民大筆的金錢與禮物，因此艾斯科巴雖然受到美國及哥倫比亞政府的通緝，但卻廣受一般人民的擁戴。

一九九〇年，哥倫比亞加維里總統上台之後，在美國政府的指使下開始大舉掃蕩境內毒梟，在短短三個月之內搗毀上百個海洛因加工廠，繳獲數百架運送毒品的飛機及輪船，更逮捕三千多名大小毒梟，之後毒梟們雖然進行報復反擊，但也已是強弩之末，許多大毒梟都依照《美哥引渡協定》被送到美國受審，大多被判終生監禁，而艾斯科巴本人也在一九九三年被哥倫比亞軍方擊斃，享年只有四十四歲，哥倫比亞的毒梟網絡就此瓦解。

靠美墨邊境優勢，毒梟趁勢崛起

在哥倫比亞毒梟被肅清之後，原本擔任中介角色的墨西哥毒梟順勢崛起，靠著美墨長達三千多公里邊境優勢，開始主宰整個美國毒品的批發市場，而墨西哥最有名的毒梟當屬古茲曼，由於他身高只有一百六十八公分，因此有「矮子古茲曼」

的綽號。他所成立的「錫納羅亞」集團，於一九九〇年代末期，取代了艾斯科巴的麥德林集團，成爲當今全球最大販毒組織。古茲曼發展出從海陸雙向走私進入美國的策略，每年預計有高達二百噸的海洛因及古柯鹼流入美國，讓他成爲全球最大毒梟。

而古茲曼最爲神奇的，便是他有兩次成功越獄紀錄。他曾經在一九九九年因爲一起謀殺案被逮捕，但入獄兩年後古茲曼以賄賂獄卒方式，躲進洗

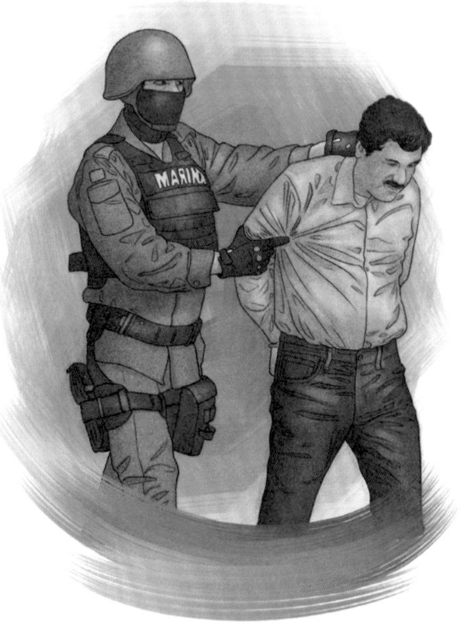

墨西哥大毒梟古茲曼曾二次越獄成功，三次被捕。

衣車內成功越獄。在重獲自由十三年後，古茲曼因為販賣毒品於二〇一四年再次被逮捕，並被墨西哥政府關進警戒森嚴的高原監獄，但八個月後古茲曼又成功收買監獄的工程師，在廁所挖個大洞，再雇人挖出一點五公里的地道，成功逃脫。古茲曼兩次成功越獄，讓當時正雷厲風行掃毒的墨西哥總統卡德隆頓時顏面無光，最後在墨西哥軍警全力緝捕下，越獄半年後再次被逮捕。據說這次古茲曼是為了拍攝個人生平的影片，與美國影星西恩潘接洽時洩漏行蹤。

墨西哥毒梟靠著邊境的地利之便，每年將大量毒品從陸路、海路及地道，帶進美國境內，而美墨邊境每天有高達三萬多輛的汽車出入，更讓美國邊境防不勝防。毒品市場的興盛，也讓墨西哥邊境城市到處充斥著犯罪及黑幫火拚，成為治安最大隱憂。在美國政府主導下，墨西哥總統卡德隆於二〇〇六年發動一場對抗毒梟的聖戰，但墨西哥政府此舉卻引起毒梟組織的激烈對抗，只要有地方首長、法官附和政府、高舉反毒大旗，便會遭到毒梟無情獵殺。

如墨西哥特米斯科市的新任女市長莫塔於二〇一六年一月二日清晨，在家中遭到多名武裝人員持槍殺害，距離其上任還不足二十四小時，只因為她的政見是肅清毒販；而墨西哥毒梟甚至連卸任市長也不放過，墨西哥西部的蒂基提奧市前市長葛羅斯蒂塔，因爲過去在市長任內打擊毒販不遺餘力，於日前開車送女兒上學時被擄走，八個小時後她的遺體被棄置在公路邊坡，死前遭到火刑及虐殺等酷刑。她在市長任內躲過毒梟兩次暗殺，但最後終究無法逃過死劫。

美國紀錄片《無主之地》，就是一部描述美墨邊境毒梟故事的影片。這部片的導演是馬修．海尼曼，他過去主要從事拍攝醫學相關的紀錄片，但在一個偶然機會下讀到一篇有關亞利桑納州自衛小隊及墨西哥反抗組織的故事，讓他決定拍攝一部有關墨西哥邊境毒梟的影片。原本海尼曼只想在亞利桑納州了解美國邊境自衛隊如何對抗走私的毒販，但是卻越陷越深，進而轉往墨西哥境內訪談由人民自主組成的反抗毒梟組織，並從美墨兩地拼湊出毒梟貿易全貌。

影片開頭，一位墨西哥工人因爲拒繳保護費，家人遭到毒梟殺害，他一家共十五人，死了十二人，在一具具棺材邊，工人泣不成聲陳述屬於他的悲劇。然而當墨西哥的武裝自衛組織 Autodefensas 好不容易逮捕到一位毒梟，但該組織發起人米雷醫師卻忍不住嘆道過沒多久又會立刻被政府釋放。可笑的是，米瑞雷醫師卻被控違法持有武器，押送到墨西哥的大牢監禁，直到現在都還遲遲未被釋放。

由此可見墨西哥的毒梟猖獗不只是一個毒品的問題，更是一種官商相互勾結的共犯結構，這從古茲曼屢屢能從監獄當中逃脫就能夠窺知一二，墨西哥政府的貪腐無能讓毒梟在美墨邊境無法無天，讓邊境城市成爲無主之地。這也顯示出當超級強權的鄰居是禍而不是福，令人不禁想起墨西哥前總統迪亞斯的一句話：「我們最大的悲哀，是離天堂太遠，但卻離美國太近。」

19 俄羅斯、車臣與克里米亞

俄羅斯的國土雖大，卻沒有一寸是多餘的。

——俄羅斯總統普丁

二〇〇二年十月二十三日晚上，四十名車臣共和國分離主義分子蒙面持槍闖入莫斯科軸承場文化宮大樓劇院，當時劇院高朋滿座，裡頭正上演《沙皇的新娘》，他們挾持歌劇院內八百五十名人質，要求俄羅斯政府在一週內將軍隊撤離車臣共和國，否則將一一處決所有人質。當時剛上任不久的俄羅斯總統普丁，不但不接受車臣恐怖分子的要脅，反而派出俄羅斯聯邦特種部隊，將具有麻醉作用的化學氣體灌進歌劇院內，之後再強行攻堅，一共擊斃三十九名恐怖分子，但也有多達

一百二十九名人質因吸入有毒氣體身亡。這次事件震驚全世界，也讓普丁一戰成名。

當一個國家陷入長久經濟衰退時，人民總是特別盼望能夠出現一個強人總統，特別是在俄羅斯。自從一九九一年前蘇聯解體之後，歷經了葉爾欽時期的「黑暗十年」，他所實施的「休克療法」（同時進行政治民主化及市場經濟，又稱『震盪療法』），讓俄羅斯政治動盪、經濟凋零，俄羅斯政經尚未轉型，但卻早已休克，過去遵行共產主義的世界強權早已不在。根據最近解密的俄羅斯政府檔案，在葉爾欽擔任十年總統期間，愛喝酒的葉爾欽竟然成天沉溺於酒精當中，沒有幾天是清醒的，這也難怪一個冷戰時期的超級強權會淪爲一個黑市猖獗、黑幫橫行的三流國家。葉爾欽也許是一個理想型的革命家，但卻不是一個好的政治家。

就在葉爾欽執政末期的政治動亂中，原本沒沒無名的普丁在一九九八年被葉爾欽任命爲聯邦安全局長，一年後被任命爲總理。出身前蘇聯特務機關「格別烏」的普丁，在擔任總理之前只有短暫擔任過俄羅斯國家安全局長及副總理，他的政治經歷爲聖彼得堡市長的國際顧問，雖有自己的小圈圈，但離政治核心十分遙遠。由於葉爾欽過去換總理有如走馬燈，因此當時外界都把普丁當成是一個過渡型政治人物，從來沒有人把他當成要角。但普丁上任不到五個月後，葉爾欽卻戲劇性地宣布下台，普丁就這樣成爲代理總統，展開他長達十餘年的執政生涯。

普丁眞除爲總統之後，馬上展現出過人的政治手腕。當時普丁在政壇強敵環伺，例如政壇老將莫斯科市長盧日科夫，早就躍躍欲試準備競選總統大位。而普丁卻突然宣布提

俄羅斯總統普丁

早進行總統大選，讓盧日科夫措手不及，同時在當時車臣分裂主義鬧得沸沸揚揚的情況下，普丁選擇到車臣慰問當地的俄羅斯官兵，此舉大大改善普丁的政治形象，也贏得俄羅斯選民的高度讚許，普丁最終當選爲俄羅斯聯邦第二任總統。

時勢總是造英雄，在普丁於二〇〇〇年當選總統之後，突然發生九一一恐怖攻擊事件，隨後美國發動中東戰爭並出兵伊拉克，這讓國際能源價格開始飛漲，而俄羅斯是全球最大天然氣出口國，受惠於石油價格的高漲經濟也隨之起飛。在普丁第一任期當中，俄羅斯的國民生產毛額上升八〇％，人均所得從二千美元成長至一萬二千美元，全國的貧窮線人口減少了一半，而人民的購買力平價也提升六倍，莫斯科更成爲世界物價最高的城市之一。

此外，在領土問題上普丁更是顯得寸土不讓。爲徹底解決車臣的分離主義，他擔任總理時，於一九九九年底發動第二次車臣戰爭，俄羅斯軍隊開始大舉進入車臣境內，並採取冬季圍城的焦土政策，以奪回車臣首都格羅茲尼的控制權。而最被人權團體所詬病的是，普丁任由俄羅斯軍隊大舉屠殺車臣游擊隊及平民，並隨意搗毀東正教堂、民房及古蹟，至今估計車臣約有五萬餘人喪生，二十萬人流離失所。

普丁——是總理、是總統，更是沙皇！

拜經濟高度成長之賜，也讓俄羅斯的國際地位開始水漲船高，俄羅斯又重新回到足以和美國匹敵的超級強權，這讓普丁成爲俄羅斯有史以來民意支持度最高的總統，例如剛上任時普丁的支持率只有三一％，但半年後便高達七〇％，從此之後普丁的支持度就再也沒有低於六五％。而在二〇〇七年時，更到達最高峰的八七％，是當時全球所有政治領袖中最高的，由此可見普丁過人的政治魅力。

權力總是讓人難以忘懷。二〇〇八年普丁在擔任八年的總統之後，根據俄羅斯憲法規定，總統一任四年、只能連任一次，再怎麼強勢的普丁終究還是必須要下台的。但是，普丁爲了延續自己的政治生命，竟然指定自己的祕書麥德維傑夫出馬競選下一任的俄羅斯總統，而唯一的條件是麥德維傑夫在當選總統之後，必須指派普丁擔任總理。就在普丁高人氣的加持下，麥德維傑夫自然順利高票當選。

麥德維傑夫在當選總統之後的第一項政治命令，當然是任命普丁爲總理，弔詭的是普丁成爲實權的總理，麥德維傑夫卻成爲虛位總統，而他們之間的政治暗盤，就是麥德維傑夫在擔任四年總統之後必須不再爭取連任，並由普丁再次出來競選總統，以規避總統只能連任一次的限制。照這種劇本走下去，普丁的總統之路將可以當到二〇二四年，普丁儼然成爲俄羅斯的政治沙皇。

然而，麥德維傑夫在擔任四年總統之後，似乎也嚐到權力的甜頭，他竟然遲遲不願宣布是否還要再連任總統，這讓普丁感到相當不解與憤怒，最後在普丁承諾當選總統之後將提名麥德維傑夫爲總理的政治條件下，麥德維傑夫終於宣布不再連任總統，讓普丁順利第三度當選俄羅斯總統，俄羅斯政治似乎已成爲普丁與麥德維傑夫的分贓政治。

猶記得普丁於二〇一二年再次當選總統時，在台上忍不住落下男兒淚，但這卻是「鱷魚的眼淚」，因爲普丁二度上台之後便開始積極進行擴張主義，以恢復俄羅斯往日大國的榮光。他在二〇一四年趁烏克蘭政治動亂之際以保護俄羅斯居民爲理由，出兵占領克里米亞便是最明顯的例證。而俄羅斯也因爲此事，被西方國家逐出八大工業國集團。

在前蘇聯時期，烏克蘭一直是蘇聯最重要的加盟共和國之一，烏克蘭不但是前蘇聯最大穀倉，也是重要的軍事要塞，擁有多艘核子潛艇的黑海艦隊便駐紮在烏克蘭境內。另外，前蘇聯也是烏克蘭最大的天然氣供應國，從過去以來，烏克蘭便仰賴來自俄羅斯綿延不絕的免費天然氣管度過寒冷的冬天。

烏克蘭可以獨立，但克里米亞是普丁的

然而，當烏克蘭於一九九一年脫離前蘇聯獨立之後，烏克蘭便不再享有免費的天然氣，兩國時常因爲天然氣的供應費用問題爭吵不休。俄羅斯動輒以切斷天然氣供應爲理由，要脅烏克蘭配合俄羅斯的政策，因此在烏克蘭境內便出現一批親歐派人士，鼓吹烏克蘭加入歐盟，並與歐盟簽署多項經濟協定，以擺脫俄羅斯的控制。

二〇一三年親俄派的烏克蘭總統亞努科維奇，在俄羅斯的壓力下宣布終止與歐盟的貿易合作協定，這引發親歐派人士不滿，因而發動大規模示威遊行抗議，總計有十萬人占領總統府前廣場。這是自二〇〇四年「橙色革命」[3]以來，烏克蘭最大型的反政府運動，而俄羅斯總統普丁爲了安撫烏克蘭民衆，宣布將購買一百五十億

烏克蘭政府公債，也同意大幅調降天然氣的供應價格。

只是，親歐派人士人仍不領情，要求親俄的亞努科維奇必須下台，於是烏克蘭政府便以鎮暴部隊進行血腥鎮壓。此舉引發示威者不滿，進而發動政變占領總統府，亞努科維奇總統倉皇下台。此時，由烏克蘭國會宣布由親歐派的圖奇諾夫暫代總統，圖奇諾夫上台後以大規模屠殺平民為理由，宣布緝拿前總統亞努科維奇，俄羅斯在烏克蘭的政治地位岌岌可危。

於是俄羅斯軍隊開始在邊境軍事演習，並在普丁的策動下，親俄的武裝分子攻占克里米亞議會大樓及機場，並升上俄羅斯國旗，而此時俄羅斯國會也以保護俄羅斯人民為由，通過出兵克里米亞的決議案。二〇一四年六月，一萬多名俄羅斯武裝部隊及戰車開始進軍克里米亞，而在俄羅斯政府的操控下，克里米亞進行公民投票，宣布回歸俄羅斯。此後，克里米亞便成為俄羅斯的一部分。

俄羅斯出兵占領克里米亞，引發國際輿論一致撻伐，同時美英等西方國家也因此對俄羅斯進行一連串經濟制裁。但是從一九九〇年以來，俄羅斯政府對於車臣分離主義所進行大規模的血腥鎮壓、屠殺與滅族行為，卻沒有引發國際間太多的關注，可見帝國主義的弱肉強食，以及西方國家對於人權的兩套標準。

車臣共和國位於俄羅斯西南部的北高加索地區，面積只有一萬五千平方公里，人口更只有區區一百三十七萬人，但是信奉伊斯蘭教的車臣人，卻有韃靼遊牧民族驍勇善戰的特性，是一個名副其實的「戰鬥民族」。自從蘇聯解體以來，由車臣分離主義的遺孀所組成的「黑寡婦」，以人肉自殺炸彈對莫斯科鬧區進行一連串的恐怖攻擊，是當前中東恐怖主義的始祖，也是俄羅斯政府揮之不去的陰影。

描述車臣分離主義的電影並不多，只有《煉獄》《風暴之門》，但可惜流於大俄羅斯民族主義的觀點。而近期由奧地利新銳女導演莫特札所執導，並入圍二〇一四年奧斯卡多項大獎的《馬康多男孩》，則著重在人道關懷，欠缺車臣人集體民族情感的試煉。另一部《被遺忘的孩子》描述一個車臣小男孩從戰火中逃生的故

③：二〇〇四年十一月，烏克蘭在總統選舉中爆發了「橙色革命」運動。當時的在野反對派領袖尤申科的支持者們上街遊行、集會，抗議執政當局在總統選舉中舞弊，要求推翻第二輪選舉結果並重新選舉。當時尤申科以橙色為競選代表色，所以支持者們均佩戴橙色標誌。

事，卻流於好萊塢式的美國人道中心主義。

而由俄國導演謝爾蓋與因納所執導的《車臣不相信眼淚》（*Damned and Forgotten*），則多了一份戰火下的眞實感。本片從俄羅斯最低層的戰士生活，談論普丁的窮兵黷武，並對照俄羅斯的貧富差距。例如一個被視爲車臣戰役英雄的俄羅斯中校，在退役之後他的薪水竟然不夠養家，在戰場不可一世的他，竟然還要到菜市場去幫人扛大包維生；一個七十多歲的老母親，爲了尋找在兩次車臣戰爭中失蹤的軍官兒子，卻求告無門、無人搭理；一個在車臣戰爭中失去雙腿的老兵，雙手柞著拐杖沿路乞討，看到從呼嘯而過的車窗中飄下來一張破碎紙鈔。

我們看到莫斯科富豪們在西郊的盧布廖夫區縱情歌舞，而戰士們卻在車臣的前線流血流淚。我們看到在普丁的大俄羅斯主義下，寸土不放所付出的慘痛代價。這是俄羅斯的實境，也是車臣的悲哀。

車臣是個被遺忘的孩子，同時也是個被世人遺忘的戰場。

20 烽火餘生：庫德族的世紀漂流

庫德沒朋友，只有山。

——庫德族古諺

也許很多台灣人沒聽過庫德族，也不知道庫德族人位處於哪裡，但是庫德族人卻悄悄與台灣產生連結。就在庫德族小男童艾倫，陳屍土耳其海灘的照片曝光後，彷彿撩撥了歐洲各國的政治良心，紛紛大舉收容來自敘利亞的庫德族難民，但是在台灣卻是反其道而行，於日前遣返了三名庫德族難民。

二〇一四年十一月初，有三名敘利亞籍庫德族人，爲了要逃避恐怖組織「伊斯蘭國」的迫害，在國際人蛇集團的安排下持希臘假護照從菲律賓搭機來台，欲再轉機前往歐洲，卻被我國移民署查獲。由於我國並沒有「難民法」，因此移民署只能以「邊境控管」爲理由，將這三名庫德族難民遣送回菲律賓。

然而，我國政府的這項做法卻引發人權團體質疑，因爲許多爲了尋求政治庇護，或是躲避迫害的難民，大多不可能以「合法」方式出入境其他國家，有時甚至爲了要逃離戰爭而買假護照或淪爲人口販子被害者，他們認爲政府應該要以人道理由，給予這三名敘利亞難民政治庇護。

爲什麼庫德族人要在全球到處漂流呢？其實，庫德族是中東地區一個古老的遊牧民族，三千多年前就已經生活在西南亞地區，相傳他們是古波斯帝國時期米底亞人的後代，大多信奉伊斯蘭教，屬於穆斯林遜尼派。目前庫德族人約有三千萬人口，並不算少，是中東地區僅次阿拉伯、突厥與波斯的第四大民族，但是在大阿拉伯主義及西方強權勢力畫分下，庫德族人一直是長期被忽視的一群，從來就沒有屬於自己的國家。

自過去以來，庫德族人先後歷經阿拉伯帝國、波斯帝國及鄂圖曼土耳其的統治，這讓庫德族人習於外族的統治，並產生多元的庫德文化。到了西方列強殖民時期，大英帝國爲了要與阿拉伯人、土耳其人及波斯人等三大勢力妥協，便將庫德族人所居住的地區，瓜分爲土耳其、伊朗、伊拉克及敘利亞等四國的領土，從此之後擁有三千多萬人口的庫德族人，便分別隸屬於四個不同的國家所統治，原本庫德族是中東第四大民族，但在散居各地的效應下，竟成爲這四國當中的「少數」民族，而庫德族人也有「現代吉普賽人」的稱號。

目前在土耳其境內的庫德族人數最多，約有一千八百萬人；其次是在伊朗，約有七百萬人；之後是伊拉克，約有六百萬人；最後是敘利亞，約有二百萬人。這種領土分離主義，把庫德族人畫分爲土耳其庫德人、伊朗庫德人、伊拉克庫德人及敘利亞庫德人四種，但由於庫德族擁有自己的語言、文化及傳統，外表也與波斯人、阿拉伯人及突厥人大不相同，這讓庫德族人長期以來便成爲土耳其、伊朗、伊拉克及敘利亞等政府迫害的對象。一旦爆發內戰，更成爲各國政府屠殺及種族滅絕的標的。然而在西方反恐主義大旗下，庫德族人的基本人權常常被刻意忽視及掩蓋。

從二次大戰後，庫德族人便希望能夠從各國當中分離，建立一個「庫德斯坦」獨立國家，但是由於散居四國的庫德族人彼此政治利益不同，欠缺強而有力的領導中心，再加上庫德族人所居住的地區蘊藏著豐富石油資源，是各國眼中的大肥肉，他們當然不願意放手。同時在欠缺美國等國際強權的奧援下，讓庫德族人爭取獨立過程顯得格外艱辛，而庫德族人在土耳其、伊拉克及敘利亞境內所發動的獨立運動，也經常成為中東地區種族衝突，引爆戰爭的導火線，這讓庫德族人長年在各地流離失所。

四散的庫德族，建國遙遙無期

在庫德族人分散在土耳其、伊朗、伊拉克及敘利亞四國當中，只有伊朗政府是以懷柔方式對待庫德族，給予庫德族人部分的行政權力，也保留庫德族人的固有土地，伊朗也尊重庫德族人的傳統文化，允許發行庫德語的報紙，在庫德人地區的學校也可以教授庫德語，在伊朗的國會當中庫德族人也占有相當高的比例，許多庫德族人甚至成為伊朗的內閣部長及軍事領導人，如伊朗前第一副總理禮薩·拉希米，及當今伊朗首都德黑蘭市長穆罕默德·巴吉爾·卡利巴夫都是庫德族人。在伊朗政府視庫德族為大波斯人的政策下，在伊朗的庫德族人對於獨立建國似乎沒有太大興趣。

但是在土耳其、伊拉克及敘利亞等國家就不一樣了。由於土耳其境內的庫德族將近兩千萬人，幾乎占庫德族總人數的三分之二，也占土耳其人口的六分之一，因此土耳其庫德族人自然成為庫德族人爭取獨立建國的急先鋒。在一次大戰結束後，鄂圖曼土耳其帝國戰敗，被迫割讓大批領土，並與協約國簽署《色佛爾條約》，在條約中承認庫德人的自治地位，當時庫德族曾經出現短暫建國的曙光。但是，一九二三年土耳其共和國成立之後，在凱末爾將軍的強勢主導下，與西方各國改簽《洛桑條約》取消庫德族人的自治權利，庫德族建國的夢想從此破滅。

於是，庫德族人便轉而成立地下政治組織，由賽德為首以武裝起義來爭取獨立建國，從一九二七至一九三八年期間，賽德在西部山區發動多次暴動，但是均被土耳其軍方所殲滅，之後土耳其政府開始對庫德族實施「土耳其化」政策，以剝奪受教權、禁止庫德族語、強迫成為奴工及強制驅離等方式來逐步消滅庫德族文化。二次大戰之後，庫德族人改變過去分離主義的方式，轉為以成立「庫德斯坦工人黨」

的民主方式來爭取自治，但是仍然受到土耳其政府的無情打壓。於是到了一九八〇年代，庫德斯坦工人黨便轉型爲武裝團體，以暴力方式來對抗土耳其政府，在這長達十五年的獨立戰爭當中，土耳其政府以宣布進入緊急狀態方式，大量拘捕及殺害庫德族人，估計有將近五萬人死亡，一直到二〇〇二年土耳其進入歐盟之後，在歐盟規約下不得不尊重少數民族權益，土耳其與庫德族人之間的衝突才趨於緩和。

而際遇最慘的，當是在伊拉克境內的庫德族人，他們不但是西方國家打擊異己的工具，也是兩伊戰爭下的犧牲品，更是海珊政權的主要迫害對象。

伊拉克庫德族一直是庫德四國當中要求獨立呼聲最高的，在英國殖民時期，庫德族的民族英雄穆斯塔法．巴爾札尼便多次發動起義，在伊拉克北部建立庫德斯坦人民政府，但之後隨即遭到英國鎮壓，巴爾札尼逃到伊朗尋求庇護。到了一九五八年，伊拉克軍事強人卡賽姆發動政變，推翻伊拉克費薩爾國王之後，卡賽姆在政權穩定的考量下不但迎回巴爾札尼，也承諾給予庫德人更多的自治，以換取巴爾札尼及庫德族對他的支持。

但好景不長，巴爾札尼回國之後，便成立「庫德斯坦民主黨」開始進軍政壇，隨著巴爾札尼聲望水漲船高，讓卡賽姆與巴爾札尼兩人的衝突日漸升溫，之後卡賽姆爲了要消滅支持巴爾札尼的勢力，便揮兵進攻北部的庫德族城鎮，與庫德族民兵發生激烈衝突。巴爾札尼也不甘示弱，對外尋求伊朗政府的支持，雙方爆發長達十年的內戰，直到一九七〇年卡賽姆下台之後，在蘇聯、伊朗兩國的協調下，伊拉克新政府同意在北部三省成立「庫德族自治區」，雙方再次獲得短暫的和平。

庫德沒朋友，只是各國角力犧牲品

然而西方勢力對於庫德族的干預是從未停歇。一九七三年，美國爲了要推翻伊拉克的親蘇政權，便與伊朗達成祕密協議，透過以色列情報單位祕密資助庫德族叛軍與伊拉克政府軍相互對抗，這讓伊拉克政府大爲不滿，大舉出兵轟炸北部庫德三省。在另一方面，伊拉克政府也與伊朗達成密約，以經濟利益爲條件，換取伊朗政府中斷資助庫德民兵，讓庫德自治區孤立無援，同時在伊朗政府的默許下伊拉克重新占領北部三省，並進行大規模滅族屠殺，有超過六百個庫德城鎮被焚毀。

一九七九年海珊政府上台之後，在新仇舊恨下對庫德族地區展開「安法爾軍事行動」，海珊政府使用化學武器及毒氣，讓庫德族人遭受相當大的傷亡。據說有上百萬庫德族人死於這場軍事行動，而許多庫德族人紛紛逃到伊朗及敘利亞等鄰國，直到二〇〇三年海珊政府被推翻之後，在美國盟軍的安排下於北部成立「伊拉克庫德斯坦」，成為伊拉克聯邦的一個自治區，庫德族人又重新取得半獨立的地位。

但是和平日子並未持續太久。二〇〇八年，當美國逐漸從伊拉克撤軍之後，採取穆斯林激進主義的伊斯蘭國，趁勢在伊拉克北部崛起。伊斯蘭國原本是敘利亞的反政府聖戰組織，但卻利用美軍撤退的軍事空窗期，占領伊拉克北部大城及敘利亞部分地區，而這些地區正是庫德族人的主要居住地。伊斯蘭國以伊拉克北部油田為根據地，並就地徵用民兵，大舉進攻敘利亞，並與敘利亞政府軍爆發激烈衝突，而美國又不願意派遣地面部隊，只出動空軍進行轟炸，在這種焦土政策下讓上百萬庫德族人流離失所。

另外，美國為了抵抗伊斯蘭國，便以當地徵用庫德族民兵方式，提供大量武器，並結合土耳其、伊拉克及敘利亞三地庫德族人成立「人民保衛軍」，對抗伊斯蘭國的入侵。然而，土耳其、敘利亞及伊拉克等三國政府卻各懷鬼胎，他們不樂見庫德族因對抗伊斯蘭國而逐漸團結壯大，因此這三國政府軍在兵力支援方面便顯得有點緩不濟急，這讓庫德族民兵更加孤立無援。

例如二〇一四年十月，敘利亞及土耳其邊境大城科巴尼遭到伊斯蘭國軍隊的包圍，城裡只有五千名庫德民兵。然

居無定所的庫德族難民。

而，土耳其政府卻不顧外界壓力，不但堅持不派部隊援助，也未採取任何對抗伊斯蘭國的行動，同時土耳其政府也不願意放行土國南部的庫德族志願軍，前往科巴尼協助族人對抗伊斯蘭國的攻擊。

在電影中，探討有關庫德族人的悲情最具代表性的，當是二〇〇五年由伊朗裔庫德族導演巴曼・戈巴第所執導的《烏龜也會飛》，本片是以伊拉克海珊政權時期（一九七九至二〇〇三），軍隊兇殘鎮壓手無寸鐵的庫德族人為背景，敘述在無情戰火下造就成千上萬的庫德族孤兒，有許多人因為誤觸地雷而傷亡，婦女遭到伊拉克士兵的強姦虐待，在美國軍隊到來之後固然迎來和平，但苦難並不因此而結束。

本片描寫了庫德族孩童在戰火中的強韌生命脈動，和悲慘無奈的成長軌跡。這些因戰爭失去親人、或因撿拾地雷不慎失去雙手雙腿的小孩，和難民營中百姓無家可歸居住帳篷的景象，直言不諱地向世界宣告戰爭是如此無情與恐怖。

就像電影簡介裡的敘述，當導演在拍攝水下鏡頭時，剛好看到一隻烏龜用瘦小的腿，背負著沉重的殼，很平順、不費力地從眼前爬過，讓他聯想到他的庫德族同胞身上所背負的世代以來流離遷徙與種族屠殺，如同龜殼一般，緊黏在庫德族人身上。

庫德族有句古老的諺語：「庫德沒朋友，只有山。」儼然是庫德族人長期寄人籬下的最佳寫照。

國家圖書館出版品預行編目資料

上一堂最生動的國際關係：20部經典電影，告訴你世界原來是這個樣子／蔡增家 著. -- 初版. -- 臺北市：先覺，2017.04
240面；14.8×20.8 公分. --（看世界系列 ；4）
ISBN 978-986-134-297-9（平裝）
1.國際關係 2.電影片

578.1　　106001984

Eurasian Publishing Group
圓神出版事業機構
用心與你對話．視野無限寬廣
先覺出版社
Prophet Press

www.booklife.com.tw　　reader@mail.eurasian.com.tw

看世界系列 004

上一堂最生動的國際關係：
20部經典電影，告訴你世界原來是這個樣子

作　　者／蔡增家
插　　畫／米洛可
發 行 人／簡志忠
出 版 者／先覺出版股份有限公司
地　　址／台北市南京東路四段50號6樓之1
電　　話／（02）2579-6600．2579-8800．2570-3939
傳　　真／（02）2579-0338．2577-3220．2570-3636
總 編 輯／陳秋月
主　　編／莊淑涵
責任編輯／許訓彰
校　　對／蔡增家．許訓彰．鍾旻錦
美術編輯／王琪
行銷企畫／陳姵蒨．詹怡慧
印務統籌／劉鳳剛．高榮祥
監　　印／高榮祥
排　　版／陳采淇
經 銷 商／叩應股份有限公司
郵撥帳號／18707239
法律顧問／圓神出版事業機構法律顧問　蕭雄淋律師
印　　刷／龍岡數位文化股份有限公司
2017年4月　初版
2021年3月　4刷

定價 340 元　　ISBN 978-986-134-297-9